LE DÎNER
DE CONS

FRANCIS VEBER

LE DÎNER DE CONS

Comédie en deux actes

ÉDITIONS RAMSAY

Le Code de la propriété intellectuelle n'autorisant, aux termes de l'article L. 122-5, (2° et 3° a), d'une part, que les « copies ou reproductions strictement réservées à l'usage privé du copiste et non destinées à une utilisation collective » et, d'autre part, que les analyses et les courtes citations dans un but d'exemple et d'illustration, « toute représentation ou reproduction intégrale ou partielle faite sans le consentement de l'auteur ou de ses ayants droit ou ayants cause est illicite » (art. L. 122-4).
Cette représentation ou reproduction, par quelque procédé que ce soit, constituerait donc une contrefaçon sanctionnée par les articles L. 335-2 et suivants du Code de la propriété intellectuelle.

© Éditions Ramsay, Paris, 1994.

ISBN 2-266-07299-4

DECOR

Le salon d'un luxueux appartement.
Une très belle pièce décorée avec goût, meubles anciens, tableaux de prix, bibelots précieux.
Le salon s'ouvre sur une entrée, visible dans la profondeur. Il y a trois autres portes dans le décor, menant respectivement à la cuisine, à la chambre de maître et à un cabinet de toilette.
Un petit bar est aménagé dans un coin de la pièce.

PERSONNAGES
(Par ordre d'entrée en scène.)

Pierre
Christine
Archambaud
François
Leblanc
Marlène
Cheval

ACTE I

Pierre sort de la cuisine, cassé en deux, un sac en plastique rempli de glace à la main.
Il est vêtu d'un peignoir de bain. C'est un homme d'une quarantaine d'années, séduisant en temps normal, mais ce soir, très handicapé.
Il se dirige vers un sofa, marchant avec peine, grimaçant de douleur. La porte d'entrée s'ouvre sur Christine.
Christine est une belle femme de trente ans. Elle se fige en voyant Pierre.

CHRISTINE
Mais qu'est-ce qui t'arrive ?

PIERRE
Un tour de reins.

LE DÎNER DE CONS

CHRISTINE

Non !

PIERRE

Je te donne ma parole d'honneur que je ne marche pas comme ça pour te faire rire.

CHRISTINE
(Elle s'avance vers lui.)
Mais comment tu t'es fait ça, mon pauvre chéri ?

PIERRE
(Il s'assoit difficilement sur le sofa.)
En prenant ma douche, j'ai voulu ramasser le savon, et...

CHRISTINE

Oh ! là ! là !... Tu ne t'es pas loupé, dis-moi... Tu as appelé un médecin ?

PIERRE

Oui, Archambaud, c'est un spécialiste, il est formidable, paraît-il. *(Il applique le sac de glace sur ses reins.)* Oh ! que c'est froid !... Nom de Dieu, que c'est froid !...

CHRISTINE

Je croyais qu'il fallait de la chaleur pour les reins.

ACTE I

PIERRE
Moi aussi, mais Archambaud m'a dit de la glace...

CHRISTINE
Tu veux boire quelque chose ?

PIERRE
Un fond de scotch, s'il te plaît.

CHRISTINE
(Elle va vers le bar.)
Avec des glaçons ?

PIERRE
Oui... s'il n'y en a plus, tu m'en prends deux dans le dos.

CHRISTINE
(Servant le scotch.)
Tu as décommandé ton dîner ?

PIERRE
Comment s'est passée ta journée ?

CHRISTINE
Pas trop mal. Tu as décommandé ton dîner ?

PIERRE
Non, pourquoi ?

LE DÎNER DE CONS

CHRISTINE
Comment, pourquoi ? Tu t'es regardé ?

PIERRE
Archambaud va me remettre sur pied, ne t'inquiète pas. *(Il regarde sa montre.)* Qu'est-ce qu'il fout, d'ailleurs ? il devait passer à sept heures et demie !

CHRISTINE
(Elle lui apporte son scotch.)
C'est pas vrai, Pierre ! Tu vas tout de même pas aller à ce dîner sinistre ?

PIERRE
On ne va pas recommencer, c'est un dîner qui m'amuse, si tu le trouves sinistre, tant pis pour toi !
> *Elle le fixe un petit instant en silence puis s'éloigne vers sa chambre.*

Tu ne vas pas me faire la gueule parce que j'ai envie de m'amuser un peu !

CHRISTINE
(Elle s'arrête.)
C'est plus grave que ça, Pierre, ce dîner, c'est toute la partie de toi que je n'aime pas.

PIERRE
Ça y est, elle est de nouveau intense ! Mais qu'est-ce

ACTE I

que j'ai fait au ciel pour avoir à la fois un tour de reins et une femme intense !

CHRISTINE
(Elle revient vers lui.)
Décommande-toi, reste avec moi ce soir, j'en ai besoin... Tu sais que ça ne va pas très bien, moi, en ce moment.

PIERRE
Justement, change-toi les idées, viens avec moi, tu vas voir, c'est irrésistible, ces dîners !

CHRISTINE
C'est irrésistible d'inviter un malheureux pour se moquer de lui toute la soirée ?

PIERRE
C'est pas un malheureux, c'est un abruti, il n'y a pas de mal à se moquer des abrutis, ils sont là pour ça, non ?

CHRISTINE
(Grave, après un petit temps.)
C'est important pour moi qu'on reste ensemble ce soir, mon chéri. Décommande-toi.

LE DÎNER DE CONS

PIERRE

Je ne peux pas, le type passe me prendre à huit heures.

CHRISTINE
(Elle se fige.)

Quel type ?

PIERRE

Mon invité.

CHRISTINE
(Incrédule.)

Il vient ici ?

PIERRE

Je lui ai dit de passer boire un verre, oui.

CHRISTINE

C'est pas vrai, tu as invité ce type ici ?

PIERRE

Je voulais l'étudier un peu avant de l'emmener dîner. Tu vas voir, il paraît qu'il est fabuleux.

CHRISTINE
(Elle va prendre son sac.)

Ah, non ! Je ne verrai rien du tout, je vais vous laisser en tête à tête. Amusez-vous bien.

ACTE I

Elle se dirige vers la porte.

PIERRE

Où vas-tu ?

CHRISTINE

J'ai un dîner moi aussi. Je n'avais pas très envie d'y aller, mais tant pis.

PIERRE

Un dîner avec qui ?

On sonne à la porte. Christine se fige.

CHRISTINE

C'est lui ? Je ne veux pas le voir !

PIERRE

Mais non, c'est Archambaud !

Christine va ouvrir la porte.
Archambaud entre. La cinquantaine. Rhumatologue. L'air d'un bon vivant.

CHRISTINE

Bonsoir, docteur.

ARCHAMBAUD

Bonsoir, madame.

LE DÎNER DE CONS

PIERRE
(Réveille sa douleur en voulant se tourner vers Archambaud.)
Aïe !...

ARCHAMBAUD
(Allant vers lui.)
Eh bien, vous m'avez l'air en forme, dites-moi...

PIERRE
Bonsoir, docteur, merci d'avoir pris la peine de vous déplacer.

ARCHAMBAUD
Il y avait de ces embouteillages !

CHRISTINE
(A Archambaud.)
Je vous le laisse, docteur, débloquez-le vite, il a un dîner très important, ce soir.

PIERRE
(Sentant venir l'éclat.)
Christine...

CHRISTINE
Un dîner de cons, vous ne connaissez peut-être pas le principe, chaque invité amène un con...

PIERRE
Christine, je t'en prie !...

ACTE I

CHRISTINE

... les cons ne savent pas, bien sûr, pourquoi on les a sélectionnés, et le jeu consiste à les faire parler, il paraît que c'est irrésistible, mais moi, ça ne me fait pas rire, alors je m'en vais, bonsoir, docteur.

Elle sort. Petit silence gêné.

PIERRE

Je suis désolé, docteur, je vous avais appelé pour un tour de reins, pas pour une scène de ménage.

ARCHAMBAUD

Mais je vous en prie... Je peux me laver les mains ?

PIERRE
(Geste vers une porte.)
Vous avez un cabinet de toilette, là...

Archambaud va se laver les mains. Pierre explique :

Je prenais ma douche, j'ai voulu ramasser le savon et je n'ai pas pu me redresser.

ARCHAMBAUD
(Off.)
C'est une belle invention, la douche, pour nous les rhumatologues. Presque aussi bien que le tennis.

Revenant dans le salon.

LE DÎNER DE CONS

Quand j'étais étudiant, on faisait des dîners de moches. Il fallait inviter la fille la plus laide possible, et, à la fin du dîner, on décernait une palme.

PIERRE
(Il se détend.)
Ah oui, j'ai fait ça moi aussi. Mais c'est plus drôle avec les cons.

ARCHAMBAUD
Ça me paraît moins objectif, tout de même.

PIERRE
Non, croyez-moi, docteur, il y a des cons totalement objectifs.

Archambaud se met à rire.
Pierre enchaîne.

J'en attends un d'une minute à l'autre, vous allez voir, on ne peut pas se tromper.

ARCHAMBAUD
C'est un ami à vous ?

PIERRE
Non, non, j'ai des amis très cons, mais pas à ce point-là. Ceux qu'on sélectionne sont des champions, c'est de la haute compétition.

ACTE I

ARCHAMBAUD
(Amusé.)

Allongez-vous.

> *Il aide Pierre à retirer son peignoir et à s'allonger sur le sofa.*

Détendez-vous... Et vous les trouvez où, ces champions ?

PIERRE
(Pendant qu'Archambaud ausculte la colonne vertébrale.)

Oh, ce n'est pas simple, on se donne un mal fou, c'est une vraie chasse à l'homme. On a des rabatteurs qui nous signalent un con qui vaut le détour, on examine le cas, et si c'est exceptionnel, on l'invite. *(Il sursaute.)* Aïe !...

ARCHAMBAUD
C'est la deuxième lombaire.

PIERRE
Et c'est grave ?

ARCHAMBAUD
Non, mais j'ai peur qu'il faille annuler votre dîner.

PIERRE
Ah, sûrement pas !

LE DÎNER DE CONS

ARCHAMBAUD
(Il aide Pierre à se rasseoir.)
Je n'aime pas manipuler à chaud comme ça, reposez-vous cette nuit et appelez mon cabinet demain matin pour avoir un rendez-vous.

PIERRE
Docteur, j'ai un con de classe mondiale, ce soir, je vous en supplie, faites quelque chose, un calmant, des anti-inflammatoires, je ne veux pas le savoir, mais faites quelque chose !

ARCHAMBAUD
(Il fait non de la tête.)
Le sac de glace et du repos, croyez-moi, mieux vaut être prudent, ou vous en avez au moins pour trois semaines.

PIERRE
Je n'ai vraiment pas de veine...
> *Il se penche pour prendre un téléphone et se fige, grimaçant de douleur. Archambaud lui tend l'appareil.*

Merci.
> *Il prend son carnet d'adresses et se met à le feuilleter.*

ACTE I

Il faut que je le décommande. Comment s'appelle-t-il déjà ? Ah oui, Pignon, François Pignon.

ARCHAMBAUD
Et il fait quoi, dans la vie ?

PIERRE
Il travaille aux impôts.

ARCHAMBAUD
Dites donc, mais c'est dangereux, ça, imaginez qu'il apprenne pourquoi vous l'avez invité.

PIERRE
(Il compose un numéro.)
Aucun risque, on fait très attention, jamais un con n'a su pourquoi on l'avait invité. *(Il se tait pour écouter un message.)* C'est ce que je craignais, il est déjà parti... Il est très bête, son répondeur.

ARCHAMBAUD
Ah bon ?

PIERRE
(Il raccroche et recompose le numéro.)
Vous allez voir, il essaie d'être drôle, c'est pathétique.

LE DÎNER DE CONS

Pierre branche le haut-parleur, la sonnerie amplifiée retentit dans la pièce, puis la voix de François Pignon.

FRANÇOIS
(Off, chantant sur l'air du cancan.)
« Vous êtes bien chez François Pignon
Mais il n'est pas là pour l'instant,
Laissez un message après l' bip,
Il vous rappel' ra, nom d'une pipe ! »
(Rire, puis d'une voix normale.) C'est à vous de parler.

Le bip retentit, off. Pierre raccroche.

ARCHAMBAUD
Oh ! là ! là !

PIERRE
(Sur le ton d'un homme qui fait une démonstration.)
Hein !

ARCHAMBAUD
C'est quelque chose, oui.

PIERRE
Vous comprenez maintenant pourquoi je suis abattu.

ARCHAMBAUD
Il a effectivement l'air assez exceptionnel.

ACTE I

PIERRE
(Déprimé.)
Taisez-vous.

ARCHAMBAUD
Vous l'avez connu comment ?

PIERRE
Je ne le connais pas, je le vois ce soir pour la première fois, il m'a été recommandé par un copain. Tiens, un grand chasseur de cons, celui-là ! Il a déniché Pignon dans le TGV, entre Biarritz et Paris, et il m'a téléphoné en descendant du train, ébloui. Pendant tout le voyage, cinq heures durant, Pignon lui a parlé de ses maquettes. Il n'a pas arrêté une seconde, c'était un cauchemar, paraît-il.

ARCHAMBAUD
Ah ! bon, il fait des maquettes ?

PIERRE
Oui, des modèles réduits avec des allumettes, le pont de Tancarville, la tour Eiffel, il passe des heures là-dessus, et surtout, il peut en parler pendant des heures, et ça, à dîner, c'est formidable ! Plus le con est passionné, plus il a des chances de remporter la palme, et ce soir, docteur, avec Pignon et ses maquettes, je ne crois pas m'avancer beaucoup en vous disant que c'était dans la poche.

LE DÎNER DE CONS

ARCHAMBAUD
(Il regarde sa montre.)
J'aurais aimé le rencontrer, mais je vais être obligé de filer, je suis déjà très en retard.

PIERRE
Attendez un peu, il sera là dans une minute, on va le faire parler, raconter sa vie, ça peut être amusant, non ?

ARCHAMBAUD
Il faut que j'y aille, j'ai des amis qui m'attendent à la maison.
Il ouvre sa serviette et en sort un tube de comprimés.
Je vais vous laisser des calmants, deux comprimés dans la nuit si vous avez vraiment mal. Attention, c'est très fort.

PIERRE
Merci, docteur.

ARCHAMBAUD
(Il se dirige vers la porte.)
N'hésitez pas à m'appeler chez moi si vous souffrez trop.

ACTE I

PIERRE
Vous pouvez débloquer la porte en sortant, que je n'aie pas à me lever ?... Il y a un petit bouton sur la poignée.

ARCHAMBAUD
(Il s'arrête sur le pas de la porte.)
Je peux vous demander une faveur, moi aussi ?

PIERRE
Oui, bien sûr.

ARCHAMBAUD
Ne m'invitez jamais à dîner, j'aurais toujours un doute.

Pierre se met à rire. Archambaud sort.
Pierre s'empare du téléphone et compose un numéro.

PIERRE
(Au téléphone.)
Bernard ?... Non, ça ne va pas mieux, je suis complètement cassé... Tais-toi, je suis effondré, j'avais le vainqueur, ce soir !... Puisque je te le dis... Ah ! oui, c'est trop triste, enfin, je te l'amène la semaine prochaine... Bon, je vais te laisser parce qu'il va arriver d'une seconde à l'autre... Allez, amusez-vous bien, bande de chacals !...

LE DÎNER DE CONS

Il raccroche, passe dans sa chambre pour s'habiller en laissant la porte ouverte. On sonne à la porte. Il crie off.

Entrez, c'est ouvert !

François Pignon entre, l'air intimidé, un porte-documents sous le bras.

FRANÇOIS
(A la cantonade, dans le salon vide.)
Je suis bien chez monsieur Brochant ?

PIERRE
(Toujours off.)
Oui, oui, entrez, j'arrive...

FRANÇOIS
(Il referme la porte et entre dans le salon.)
C'est François Pignon.

PIERRE
(Il revient dans le salon, plié en deux.)
Bonsoir, comment allez-vous ?

FRANÇOIS
Moi, bien, mais...

ACTE I

PIERRE

Pardonnez-moi de vous recevoir comme ça, mais je me suis fait un tour de reins.

FRANÇOIS

Non !

PIERRE

Si, je peux à peine bouger, j'ai essayé de vous prévenir, mais vous étiez déjà parti. Je suis désolé, mais il va falloir remettre notre dîner.

FRANÇOIS

C'est moi qui suis désolé pour vous, c'est pas drôle, un tour de reins.

PIERRE

Disons que c'est embêtant, mais pas dramatique. Vous être libre mercredi prochain ?

FRANÇOIS

Mercredi prochain ? C'est le 24 ? Oui, je suis libre.

PIERRE

Non, c'est le 23, je crois.

FRANÇOIS

Le 23 ?... Ça va, je suis libre aussi.

LE DÎNER DE CONS

PIERRE
Attendez, on est le 18, non, c'est le 25.

FRANÇOIS
Ah, le 25... O.K., pas de problème.

PIERRE
Parfait, on va chez l'ami qui nous invitait ce soir, il refait un dîner et vous êtes bien sûr invité.

FRANÇOIS
C'est vraiment très gentil, ça.

PIERRE
Non, on vous a raté aujourd'hui, on ne va pas vous rater la semaine prochaine. Qu'est-ce que vous voulez boire, monsieur Pignon ?

FRANÇOIS
Euh... rien, je vous remercie, je vais vous laisser si vous ne vous sentez pas bien...

PIERRE
Non, ça va, quand je ne bouge pas, c'est très supportable... Asseyez-vous une minute qu'on bavarde un peu.

François s'assoit en face de Pierre, son porte-

ACTE I

> *documents sur les genoux. Pierre le regarde comme un chat une souris.*

Je suis tombé sur votre répondeur tout à l'heure, il est très amusant.

FRANÇOIS
(Il sourit, flatté.)
Ah ! oui... J'ai essayé de faire un message un peu original...

PIERRE
Très, très réussi. J'en ris encore.

FRANÇOIS
Tout le monde m'en parle, j'ai même des amis qui me demandent de faire leur message.

PIERRE
Ça ne m'étonne pas du tout.

FRANÇOIS
Vous avez un répondeur ?

PIERRE
(Rapidement.)
Oui, mais ça va, il est bien. Peut-être un peu classique pour vous, mais ça me suffit.

LE DÎNER DE CONS

FRANÇOIS
Vous êtes sûr ? J'en ai pour une seconde, hein.

PIERRE
Non merci, vous êtes gentil. *(Changeant vite de sujet.)* Je suis vraiment ravi de vous connaître, monsieur Pignon.

FRANÇOIS
Moi aussi, monsieur Brochant... je n'arrive pas à y croire... Quand le monsieur que j'ai rencontré dans le train m'a dit qu'un grand éditeur comme vous pouvait s'intéresser à mes petits travaux...

PIERRE
Allons, ne soyez pas modeste, monsieur Pignon, d'après mon ami, vous êtes quelqu'un de tout à fait exceptionnel dans votre genre.

FRANÇOIS
Il est vraiment très sympathique, cet homme.

PIERRE
Il est très doué, oui.

FRANÇOIS
Et passionné de maquettes, hein, c'est rare quelqu'un

ACTE I

d'aussi passionné, on a parlé maquettes pendant tout le trajet.

PIERRE

Je sais, il m'a dit qu'il se souviendrait de ce voyage toute sa vie.

FRANÇOIS

Ah ! oui, on a passé un bon moment ! Et en arrivant à Paris, il m'a dit : « Il faut absolument que vous rencontriez Pierre Brochant. » Et le lendemain, qui m'appelle au ministère ?

PIERRE
(Il sourit.)
J'espère que je ne vous ai pas dérangé ?

FRANÇOIS

Mais pas du tout, non !... J'ai dû vous paraître bête, au téléphone.

PIERRE
(Machinalement, puis se rattrape.)
Oui... Enfin, non !... Vous étiez parfait.

FRANÇOIS

J'étais tellement ému... Vous m'appelez au ministère et vous m'invitez à dîner, et je suis là ce soir... Je vous dis, je n'arrive pas à y croire... Vous êtes quelqu'un de formidable, monsieur Brochant.

PIERRE

Mais non, mais non.

FRANÇOIS

Si, si, formidable. Quand vous m'avez dit au téléphone que vous pensiez publier un ouvrage sur mes maquettes, j'ai été... comment dire ?... Vous avez changé ma vie, monsieur Brochant.

PIERRE

Oui, bon, pour ce qui est de l'ouvrage, c'est encore un projet très vague, hein, ne nous emballons pas, monsieur Pignon.

FRANÇOIS

Non, non, je ne m'emballe pas, mais je trouve que c'est une très bonne idée, je pense vraiment qu'on peut faire un best-seller ! *(Il ouvre son porte-documents.)* Je vous ai apporté les photos de mes plus belles pièces...

PIERRE

Non... Non, pas maintenant !

ACTE I

FRANÇOIS
... Vous allez voir, je crois que c'est assez spectaculaire...

PIERRE
(Il l'arrête.)
Gardez ça pour mercredi prochain, vous nous parlerez de vos maquettes au cours du dîner, je veux que mes amis puissent en profiter.

FRANÇOIS
(Frustré.)
Juste une ou deux photos...

PIERRE
Non, non, mercredi prochain. Ce soir, on fait connaissance. Parlez-moi un peu de vous, vous travaillez au ministère des Finances, je crois.

FRANÇOIS
Je suis à la comptabilité, oui. *(Il sort une photo du dossier.)* La tour Eiffel...

PIERRE
(Il repousse la photo.)
Vous êtes marié ?

LE DÎNER DE CONS

FRANÇOIS

Oui... enfin, non. *(Il lui remet la photo sous le nez.)*

PIERRE

(Il repousse de nouveau la photo.)
Vous êtes marié, ou non ?

FRANÇOIS

C'est-à-dire... ma femme est partie.

PIERRE

Ah bon ?

FRANÇOIS

Avec un ami à moi.

PIERRE

Ça arrive, ces choses-là.

FRANÇOIS

Un type que j'ai connu au ministère, pas méchant, il était aux archives. Un soir, je l'ai amené à la maison.

PIERRE

Oui ?

FRANÇOIS

Et il lui a plu. Je n'ai pas compris pourquoi d'ailleurs, parce qu'entre nous, c'est pas une lumière.

ACTE I

PIERRE
(Brusquement en alerte.)
Comment ?

FRANÇOIS
Le garçon avec qui elle est partie, c'est pas pour dire, mais qu'est-ce qu'il est bête !

PIERRE
Non !

FRANÇOIS
Si, mais bête, c'est pas croyable !

PIERRE
Mais plus bête que ?... *(Il se reprend.)* Enfin, je veux dire, vous êtes intelligent, vous, et par rapport à vous ?

FRANÇOIS
Ecoutez, je n'aime pas être grossier, mais il faut employer le mot, c'est un con.

PIERRE
Mon Dieu !

FRANÇOIS
C'est l'opinion de tout le monde, en tout cas. Et si vous le rencontriez...

LE DÎNER DE CONS

PIERRE
(Excité.)
Mais j'aimerais beaucoup, où peut-on le joindre, ce garçon ?

FRANÇOIS
Non, non, vous vous ennuieriez à mourir, il ne parle que de planche à voile.

PIERRE
Mais c'est épatant tout ça, c'est épatant, vous avez ses coordonnées ?

FRANÇOIS
Vous aimez la planche à voile ?

PIERRE
Non... enfin, si, beaucoup.
Il prend un bloc et un crayon.
Il s'appelle comment ?

FRANÇOIS
Jean-Patrice Benjamin... même le nom est bête.

PIERRE
Et il habite où ?

ACTE I

FRANÇOIS

A la Guadeloupe. Il s'est fait muter à la Guadeloupe.

PIERRE

(Il repose son bloc, déçu.)
Oui, c'est peut-être un peu loin.

FRANÇOIS

Vous en faites beaucoup ?

PIERRE

De quoi ?

FRANÇOIS

De la planche à voile.

PIERRE

Modérément.

FRANÇOIS

Oui. Faut pas en abuser, c'est mauvais pour le dos. Et vous, vous êtes marié, monsieur Brochant ?

PIERRE

Oui, depuis deux ans.

FRANÇOIS

Et ça se passe bien, je suppose ?

LE DÎNER DE CONS

PIERRE

Très bien...

FRANÇOIS

Moi, je suis resté marié sept ans... sept ans de bonheur sans nuages, et puis un jour... Mais comment elle a fait pour partir avec ce type ? je ne comprends pas.

PIERRE

(Sournoisement.)
Et vous parliez maquettes avec elle ?

FRANÇOIS

Mais tout le temps, on n'arrêtait pas ! Je me souviens, quand j'ai fait le pont de Tancarville *(Geste vers son porte-documents.)*, j'ai la photo ici, je lui ai expliqué pendant des heures tous les détails de la construction, ce n'est pas exagéré de dire qu'elle a suivi le projet, allumette par allumette, c'était passionnant, surtout les problèmes de portance ! Vous connaissez sans doute les subtils problèmes de portance des ponts suspendus !

PIERRE

Non, mais ça fait partie des choses dont on parlera mercredi prochain.

ACTE I

FRANÇOIS

C'est fascinant, vous verrez. Ça m'a pris deux ans, Tancarville, deux années exaltantes où j'ai tout partagé avec elle, mes doutes, mes espoirs et puis un jour, qu'est-ce que j'apprends ? Qu'elle est partie avec le simplet, là ! C'est quelque chose, non ?

PIERRE

C'est quelque chose, oui.

FRANÇOIS

Enfin, c'est du passé, je vous ai assez embêté avec mes petites histoires.
Il sort une photo de son porte-documents.
Voilà la bête, trois cent quarante-six mille quatre cent vingt-deux allumettes !

PIERRE
(Il ne prend pas la photo.)
Superbe, mais je commence à être un peu fatigué, et...

FRANÇOIS
(Qui ne se laisse pas facilement arrêter.)
Je vous parlais tout à l'heure des problèmes de portance, eh bien, dans un ouvrage comme celui-ci, c'est la grande question : les problèmes de portance. Mais

commençons par le début, qu'est-ce qu'un pont suspendu ?

PIERRE
(Cherchant à l'arrêter.)
Monsieur Pignon...

FRANÇOIS
Apparemment, la réponse est toute simple : un pont suspendu est un pont dont le tablier ne repose pas sur des piles enfoncées régulièrement dans le sol. Mais c'est tout de même un peu simple, comme réponse, il y a évidemment d'autres paramètres, et là, je vais vous faire rire : pour moi, la définition du pont suspendu, c'est...

PIERRE
(Il crie.)
Monsieur Pignon !...

FRANÇOIS
Oui ?

PIERRE
Je suis désolé, je ne suis pas très en forme, ce soir, j'ai peur de ne pas pouvoir apprécier votre travail comme il le mérite.

ACTE I

FRANÇOIS
(Confus.)
Mais non, c'est moi qui suis désolé, si vous ne vous sentez pas bien, je vais vous laisser, monsieur Brochant.

Il se lève.

PIERRE
Je suis un peu fatigué, mais c'est passionnant, tout ça, je suis sûr qu'on va se régaler, la semaine prochaine.

FRANÇOIS
Oui, on ne va pas s'ennuyer.

PIERRE
(Il se lève difficilement.)
Je vais vous raccompagner.

FRANÇOIS
Non, non, ne vous dérangez pas !

PIERRE
Si, si, il faut que je ferme derrière vous...

FRANÇOIS
Appuyez-vous sur moi...

Pierre s'appuie sur François, ils se dirigent tous les deux lentement vers la porte.

LE DÎNER DE CONS

PIERRE
Merci. On va y aller tout doucement... C'était une très bonne prise de contact, je vous connais un peu mieux, et je ne suis pas déçu du tout.

Il s'arrête pour souffler un peu.

FRANÇOIS
Je vous ai surtout parlé de ma femme et c'était un peu triste, mais ne croyez pas que je sois quelqu'un de triste, je peux être très drôle, vous savez.

PIERRE
Mais j'en suis sûr.

FRANÇOIS
Si je vous racontais mes vacances, par exemple, je vous jure, c'est un film ! J'étais à...

PIERRE
(Il se remet en route.)
Vous me raconterez ça un de ces jours.

FRANÇOIS
J'étais à La Baule avec mon beau-frère, on va sur la plage pour attraper des coques, on attrape de ces coups de soleil, on était tout rouge, on était écarlate, un film, je vous dis !

ACTE I

Il se met à rire, ne regarde pas où il met les pieds et trébuche. Il tombe, entraînant Pierre, qui s'écroule avec un cri de douleur. François se redresse et se penche, affolé, vers Pierre qui grimace, allongé par terre.

FRANÇOIS

Oh ! pardon, je suis désolé, vous vous êtes fait mal ?

François enjambe Pierre à quatre pattes, ce qui lui arrache un cri de douleur.

Ne bougez pas, il y a peut-être quelque chose de cassé !...

Il se précipite vers le téléphone et se met à composer un numéro. Pierre parvient à s'appuyer sur un coude.

PIERRE

Qu'est-ce que vous faites ?

FRANÇOIS

J'appelle un kiné.

PIERRE

Non, laissez, ce n'est pas la peine !

FRANÇOIS

C'est un copain à moi, il est formidable.

LE DÎNER DE CONS

PIERRE
Ce n'est pas la peine, je vous dis !

FRANÇOIS
C'est le meilleur kiné de Courbevoie.

PIERRE
(Il crie.)
Je ne veux pas du meilleur kiné de Courbevoie !
> *François sursaute. Pierre reprend, un ton au-dessous.*

Rentrez chez vous, ça va aller.

FRANÇOIS
(Il raccroche et revient vers Pierre.)
Je vais vous aider à marcher jusqu'à votre lit.

PIERRE
Non, ne m'aidez pas, surtout !...
> *François paraît un peu désarçonné par sa brutalité. Pierre enchaîne, plus gentiment.*

Merci de votre sollicitude, et bonsoir.

Le téléphone sonne.

FRANÇOIS
(Voulant porter le téléphone à Pierre.)
Bougez pas...

ACTE I

PIERRE
(Il l'arrête du geste.)
Laissez, il y a le répondeur...

> *A la quatrième sonnerie, le répondeur se déclenche, la voix de Pierre résonne dans la pièce, tandis que François tient toujours le téléphone dans ses mains.*

VOIX DE PIERRE
(Off.)
Nous ne sommes pas là pour l'instant, vous pouvez laisser un message après le signal sonore. Merci...

FRANÇOIS
C'est vrai qu'il pourrait être plus rigolo, votre message.

> *La voix de Christine résonne dans le répondeur.*

VOIX DE CHRISTINE
(Off.)
C'est moi, je t'appelle pour te dire que je ne rentrerai pas ce soir... Et je crois que je ne rentrerai plus jamais... Je suis désolée d'avoir à te dire ça sur un répondeur, mais c'est peut-être mieux comme ça... Adieu, Pierre.

LE DÎNER DE CONS

La communication est interrompue. François et Pierre restent pétrifiés un petit instant. François, qui a toujours le téléphone dans les mains, réagit le premier.

FRANÇOIS
(D'une voix plate.)
Bon, eh bien, je vais vous laisser.

Pierre reste sans réaction. François pose précautionneusement le téléphone sur un meuble et repart vers la porte en marchant sur des œufs. Il ouvre la porte et se tourne vers Pierre, qui n'a pas bougé.

Vous êtes sûr que vous n'avez besoin de rien ?

PIERRE
(Il paraît se réveiller.)
Non, non, tout va bien, bonsoir.

François lui jette un regard inquiet et sort. Pierre essaie de se redresser, mais il est complètement bloqué. Après quelques secondes d'efforts pathétiques, il parvient tout de même à s'asseoir et est brusquement secoué par une espèce de rire-sanglot silencieux. François réapparaît à la porte du living.

ACTE I

FRANÇOIS
Excusez-moi, j'ai oublié mon porte-documents.
> *Il va chercher son porte-documents et ajoute, sans regarder Pierre.*

Je suis avec vous, monsieur Brochant, je suis vraiment de tout cœur avec vous.

PIERRE
(Sèchement.)
Merci beaucoup, au revoir.

FRANÇOIS
Au revoir.
> *Il repart vers la porte et s'arrête brusquement.*
> *Il demande, plein de sollicitude.*

Qu'est-ce que je peux faire pour vous ?

PIERRE
Rien du tout, ça va très bien, bonne nuit.

FRANÇOIS
(Solennellement.)
Monsieur Brochant, s'il y a un homme qui peut comprendre ce qui vous arrive, c'est bien moi.

PIERRE
(De plus en plus crispé.)
Monsieur Pignon, j'aimerais qu'on me laisse tranquille.

LE DÎNER DE CONS

FRANÇOIS
C'est ce que je disais moi aussi quand elle m'a quitté, et j'ai failli mourir de solitude et de chagrin dans mon living-room. Et vous, en plus, vous avez un tour de reins.

PIERRE
Personne ne m'a quitté, c'est un message incohérent dans un moment de déprime, elle va revenir tout à l'heure, vous pouvez rentrer chez vous, bonsoir !

FRANÇOIS
Elle va revenir tout à l'heure, voilà encore une chose que je disais moi aussi, et ça fait deux ans qu'elle doit revenir tout à l'heure !

Pierre, qui n'en peut plus, se met à ramper vers sa chambre.

PIERRE
Je vais me coucher, vous éteindrez en sortant.

Il pousse un cri de douleur et est obligé de s'arrêter.

FRANÇOIS
Vous ne voulez vraiment pas que j'appelle Maurice ? C'est mon copain kiné...

ACTE I

PIERRE
(Il se dirige à quatre pattes vers sa chambre.)
Non !

FRANÇOIS
(Il se met à quatre pattes aussi pour lui parler.)
J'ai les reins fragiles moi aussi, et il est formidable. La dernière fois, je me rappelle, j'étais comme vous, je ne pouvais pas marcher, je rampais vers la salle de bains en pleurant ! Maurice est venu, il m'a débloqué, c'était fini pour la journée !

PIERRE
Je suis entre les mains du Pr Archambaud qui dirige le service de rhumatologie de l'hôpital Broussais, je n'ai pas besoin de Maurice !

FRANÇOIS
Je ne sais pas comment il dirige son service, mais regardez-vous, vous êtes dans un état !

PIERRE
(Au bord de craquer.)
Je suis dans cet état-là parce que vous m'êtes tombé dessus !... *(Il craque.)* Je ne sais pas pourquoi je discute, merde ! *(Il fait un faux mouvement.)* Aïe !... *(Il tombe à plat ventre.)*

LE DÎNER DE CONS

FRANÇOIS
(Emu.)
Vous faites peine à voir, on dirait un cheval qui a raté une haie. On vous abattrait sur un champ de courses.

PIERRE
(D'une voix blanche, se remettant à quatre pattes.)
Allez-vous-en, monsieur Pignon.

FRANÇOIS
(Il s'assoit sur le sofa, observant Pierre avec compassion.)
C'est des coups à rester paralysé, ça.

PIERRE
(Crispé.)
On s'était dit au revoir, je crois.

FRANÇOIS
Je ne veux pas vous affoler, mais si la moelle épinière est touchée, c'est des coups à rester paralysé. Maurice en a vu passer quelques-uns, des cas comme ça !

PIERRE
(Il hésite un peu puis capitule.)
Appelez Archambaud.

FRANÇOIS
Ah, eh bien, je préfère ça. C'est quoi, son téléphone ?

ACTE I

PIERRE

(Geste vers son carnet d'adresses sur un meuble.)
Dans le répertoire là-bas. Archambaud, avec un A.

FRANÇOIS
(Il va prendre le répertoire.)
Oui, oh !... J'aurais pas mis un « H » quand même... Archambaud...

PIERRE
Dites-lui que je suis tombé et que j'ai très mal.

FRANÇOIS
Oui, oui. *(Il feuillette le répertoire.)* C'est étonnant, la vie, si je vous disais que ma femme, quand elle est partie, m'a laissé elle aussi un message sur mon répondeur.

PIERRE
Ne vous croyez pas obligé de me faire la conversation, monsieur Pignon, j'ai juste besoin d'un médecin et rien d'autre.

FRANÇOIS
Non, non, je disais ça parce que c'est étonnant... La mienne, je n'ai eu que la moitié du message, elle avait dû parler avant le bip, ou je ne sais trop quoi, mais tout ce que j'ai eu, c'est : « ... Jean-Patrice, pardonne-

moi, adieu. » Et moi, je me demandais : « Mais pourquoi elle m'appelle Jean-Patrice ? » En fait, c'était : « Je pars avec – bip – Jean-Patrice, pardonne-moi, adieu. »

PIERRE
(De nouveau à bout.)
Donnez-moi ce répertoire !

FRANÇOIS
Non, non, ça y est, je l'ai, Archambaud ! Mais il y a plein de numéros, dites donc : hôpital, clinique...

PIERRE
Il n'y a pas domicile ?

FRANÇOIS
Ah si, voilà, domicile. *(Il compose un numéro.)* On va vous tirer de là, monsieur Brochant, ne vous inquiétez pas, on va vous tirer de là. *(Au téléphone.)* Allô ? Je voudrais parler au Dr Archambaud, j'appelle de la part de Monsieur Pierre Brochant... Ah, excusez-moi, je me suis trompé de numéro, j'ai dû sauter une ligne dans le répertoire, il faut dire que c'est écrit tellement petit...

PIERRE
Bon, ça va, racrochez, on s'en fout.

ACTE I

FRANÇOIS
(Au téléphone.)

... Ah non, il ne va pas bien du tout, il a un tour de reins... Oui, le sale truc, il ne peut plus bouger, il est affalé sur le plancher comme un vieux sac, c'est pathétique...

PIERRE

Mais à qui il parle, là ? A qui vous parlez, bordel ?

FRANÇOIS
(Au téléphone.)

Excusez-moi, mais qui est à l'appareil ?... Ah bon, eh bien, je peux vous le dire, alors. Ça va très mal, sa femme l'a quitté, en plus. C'est un homme brisé, le cœur, les reins, tout...

PIERRE
(Il crie.)

Mais arrêtez, enfin !

FRANÇOIS
(Au téléphone.)

Il faut que je vous quitte, ses nerfs sont en train de lâcher... Mais je vous en prie, au revoir.

Il raccroche et se tourne, souriant, vers Pierre.

C'était votre sœur.

LE DÎNER DE CONS

PIERRE

Je n'ai pas de sœur.

FRANÇOIS
(Surpris.)
Vous n'avez pas de sœur ? *(Geste vers le téléphone.)* Je lui ai dit : « Qui est à l'appareil ? » Et elle m'a dit : « Sa sœur. »

PIERRE
(Accablé.)
Il a appelé Marlène !

FRANÇOIS
C'est pas votre sœur ?

PIERRE
Mais pas du tout, c'est une fille que j'ai sautée dans le temps, une espèce de follingue spiritualiste qui prétend qu'on a le même karma et qui m'appelle son frère !

FRANÇOIS
Je ne pouvais pas le savoir, moi, elle me dit : « C'est sa sœur », avouez que c'est confusant...

ACTE I

PIERRE
Elle va débarquer, c'est sûr ! Maintenant qu'elle sait que la place est libre, elle va se ruer, cette malade !

FRANÇOIS
Elle va venir ici ? Maintenant ?

PIERRE
C'est tout ce qui me manquait, ce soir ! Une nymphomane !

FRANÇOIS
(Impressionné.)
Ah bon, elle est nymphomane, en plus ? Oh ! là là là là ! Oh ! là là là là !

PIERRE
(Agacé.)
Bon, ça va... ça va !

FRANÇOIS
Mais... Vous avez toujours une relation avec elle ?

PIERRE
Comment ça, une relation ?

FRANÇOIS
Je veux dire, vous... vous trompez Madame Brochant ?

LE DÎNER DE CONS

PIERRE
Pourquoi, ça vous gêne ?

FRANÇOIS
(Sincèrement choqué.)
C'est pas bien.

PIERRE
(D'une voix plate.)
Vous allez me foutre la paix ?

FRANÇOIS
Moi, j'ai toujours été fidèle à ma femme. Et pourtant, ce ne sont pas les occasions qui manquent au ministère des Finances.

PIERRE
Rappelez-la immédiatement et dites-lui que ma femme est rentrée !
François hésite.
Allez, dépêchez-vous, elle va rappliquer ! 40.74.35.29.

FRANÇOIS
(Il reprend le téléphone.)
40.74.35.29... et je lui dis que votre femme est rentrée...

PIERRE
C'est ça, tout est en ordre.

ACTE I

FRANÇOIS
(Au téléphone.)
Allô ?... Bonsoir, madame, c'est encore moi, je vous rappelle pour vous dire que madame Brochant est rentrée... Oui, oui, à l'instant, elle va bien, monsieur Brochant va bien, tout le monde va bien, quoi... Si, si, il a toujours mal aux reins, mais il prend ça avec bonne humeur, maintenant...

PIERRE
Bon, au revoir !

FRANÇOIS
(Au téléphone.)
Non, je ne suis pas vraiment un ami de monsieur Brochant, je l'ai rencontré parce qu'il s'intéresse à mes maquettes... Oui, je reproduis avec des allumettes les grands chefs-d'œuvre du Génie civil, le pont de Tancarville, le Golden Gate de San Francisco...

PIERRE
Mais elle s'en fout !

FRANÇOIS
(Il met sa main sur le combiné et chuchote avec véhémence.)
C'est elle qui me pose des questions !

LE DÎNER DE CONS

PIERRE
Hein ?

FRANÇOIS
Elle ne s'en fout pas du tout, elle est très intéressée, figurez-vous !

PIERRE
N'immobilisez pas mon téléphone !

FRANÇOIS
(Au téléphone.)
Excusez-moi, je vais être obligé de vous quitter, il m'appelle et j'ai peur de le laisser tout seul dans l'état où il est...

PIERRE
(Accablé.)
Oh ! là ! là !

FRANÇOIS
(Au téléphone.)
Comment ?... Mais si, sa femme est rentrée... Non, quand je dis que je ne veux pas le laisser tout seul, c'est parce qu'elle est ressortie... Non, pas repartie, ressortie. Une seconde pour... vider la poubelle...

ACTE I

PIERRE
(De plus en plus accablé.)
Mais qu'est-ce qu'il raconte ?

FRANÇOIS
(Au téléphone.)
Comment ?... Bélier... Bélier ascendant Gémeaux...

PIERRE
C'est fini, oui ?

FRANÇOIS
(Au téléphone.)
Les Bélier ne sont pas menteurs ? Mais je ne mens pas, je vous assure...

> *Pierre attrape le fil du téléphone et se met à tirer dessus pour arracher l'appareil des mains de François qui résiste.*

Excusez-moi, mais il est en train de tirer sur le fil du téléphone et c'est très difficile de poursuivre la conversation dans ces conditions... Allô !... Allô ?...

> *Il raccroche et se tourne vers Pierre.*

Elle a raccroché ! Elle a dit : « J'arrive ! » et elle a raccroché !

PIERRE
Et voilà !

LE DÎNER DE CONS

FRANÇOIS
Je suis désolé, je ne pensais pas qu'elle était aussi aiguë intellectuellement, j'avoue que je l'ai jouée un peu relax.

PIERRE
(Se fâchant.)
Je ne sais pas comment vous l'avez jouée, mais le résultat, c'est qu'elle va débarquer ici ! Je vous demandais seulement de lui dire que ma femme était rentrée, c'était pas compliqué, bon Dieu !

François le regarde, surpris par sa violence.
Pierre s'en rend compte et enchaîne, radouci.
Excusez-moi, c'est ma faute, vous avez fait ce que vous avez pu et je vous remercie.

FRANÇOIS
Vous voulez que je la rappelle ?

PIERRE
Non, non, surtout pas ! Vous allez seulement m'aider à aller jusqu'au canapé, me donner le téléphone et me laisser me débrouiller tout seul.

FRANÇOIS
D'accord, monsieur Brochant.
Il aide Pierre à se relever.
Voilà... Très bien... Tout doucement... comme ça... Il a moins mal à son petit dos ?

ACTE I

> *Soutenant Pierre, il se dirige très lentement vers le canapé.*

Ça va ?

PIERRE

Ça va aller, oui.

> *Il s'arrête.*

FRANÇOIS

Prenez votre temps... Elle était au courant, votre femme ?... pour Marlène, je veux dire ?

PIERRE

Non.

FRANÇOIS

C'est pas à cause de ça qu'elle est partie, alors.

PIERRE

Non.

> *Il se remet en route toujours soutenu par François, mais est obligé de s'arrêter encore.*

FRANÇOIS

Elle est peut-être tout simplement retournée chez sa mère.

LE DÎNER DE CONS

PIERRE

Non.

FRANÇOIS

Les femmes retournent souvent chez leur mère.

PIERRE

Pas quand leur mère est morte depuis dix ans.

FRANÇOIS

Ah ! sa maman est décédée, pardonnez-moi, je ne savais pas, je suis désolé.

Ils repartent vers le canapé.

La mienne aussi est décédée.

Pierre est visiblement agacé par le bavardage de François qui ne s'en aperçoit pas et enchaîne.

Et la vôtre ?

PIERRE
(Il s'arrête.)

Vous pourriez me laisser tranquille une seconde, j'ai déjà beaucoup de mal à marcher.

FRANÇOIS

Bien sûr, excusez-moi...

Ils arrivent enfin au canapé. François aide Pierre à s'asseoir.

ACTE I

PIERRE

Merci... Le téléphone, s'il vous plaît.

FRANÇOIS

(Il va chercher le téléphone.)

Vous pensez qu'elle est partie avec un de vos amis, elle aussi ?

PIERRE

Elle n'est partie avec personne.

FRANÇOIS

(Il lui apporte le téléphone.)

La mienne non plus n'est partie avec personne. Parce que Jean-Patrice Benjamin ou personne, c'est pareil. Mais enfin, elle est tout de même partie avec lui.

PIERRE

(Il s'impatiente.)

Donnez-moi ce téléphone, je vais rater l'autre folle !

François lui donne l'appareil. Pierre compose un numéro. Il écoute un petit instant et raccroche.

C'est occupé.

Il fait un geste vers le médicament que lui a laissé Archambaud.

Vous pouvez me passer le tube de comprimés, là ?

LE DÎNER DE CONS

FRANÇOIS

(Il va chercher les comprimés.)
Et un verre d'eau ?

PIERRE

S'il vous plaît, oui.

FRANÇOIS

Je les connais, ces comprimés, faites attention, ils sont très forts.

Pierre prend le tube de comprimés.
François se dirige vers le bar.

Un soir, j'ai failli avaler le tube, moi. Elle était partie depuis trois semaines, j'avais reçu une carte postale le matin même, c'est lui qui avait dû la choisir parce que c'était la mer, mais avec une saloperie de planche à voile dessus... et elle me disait : « Je suis sûre que tu ne t'ennuies pas avec tes allumettes, en tout cas, moi, je suis heureuse », et j'ai failli avaler le tube. Ce qui m'a sauvé, c'est le pont des Invalides, j'étais en plein dedans, je ne pouvais pas l'abandonner en cours de route.

Pierre agacé, lui fait signe de lui donner de l'eau. François remplit le verre et revient vers lui.

Mais vous, c'est différent, monsieur Brochant, si vous

ACTE I

êtes sûr qu'elle n'est pas partie avec un autre homme, il n'y a pas de problème.

Il donne le verre d'eau à Pierre.

Mais s'il y a un Jean-Patrice Benjamin dans le tableau, alors là...

Pierre, de l'autre main, refait le numéro de téléphone de Marlène et raccroche, agacé.

Toujours occupé ?

PIERRE

Oui, elle doit être en train de chercher quelqu'un pour garder les chiens.

Le téléphone sonne sur ses genoux. Il sursaute et renverse le verre.

Merde !

FRANÇOIS

C'est de l'eau, c'est pas grave...

Il va chercher au bar de quoi éponger.
Pierre décroche.

PIERRE

(Au téléphone pendant que François éponge.)
Allô ?... Ah, c'est toi, j'essayais de t'appeler, c'était occupé... Marlène, écoute, ne t'embête pas avec les chiens, je ne suis pas du tout en état de te voir ce soir...

LE DÎNER DE CONS

Parce que je suis fatigué, et surtout, parce que Christine va rentrer d'un moment à l'autre... Quoi, Leblanc ? Pourquoi tu me parles de Leblanc ?... Mais sûrement pas, c'est une histoire terminée, Leblanc, elle s'en fout de Leblanc !... *(Plus sèchement.)* Bon, tu penses ce que tu veux, mais moi je te dis que ma femme n'est partie avec personne et que je préfère que tu restes chez toi ce soir, c'est clair !... Allô ?...

Il raccroche, furieux.

Elle ne veut rien entendre, cette malade !

> *François, qui éponge toujours l'eau sur le tapis, remarque, un peu sournois.*

FRANÇOIS

Elle pense aussi qu'il y a quelqu'un ?

PIERRE

Comment ?

FRANÇOIS

Non, rien, j'ai écouté malgré moi, et j'ai cru comprendre qu'elle pensait elle aussi...

PIERRE
(Il le coupe.)
Elle dit n'importe quoi !... Bon, ça suffit comme ça, c'est sec, maintenant !

ACTE I

FRANÇOIS
(Il s'arrête d'éponger.)
Je vous apporte un autre verre.
> *Il repart vers le bar.*
C'est un ami à vous ?

PIERRE
Excusez-moi d'être brutal, mais ça ne vous regarde pas.
> *Le visage de François se ferme. Il apporte le verre d'eau à Pierre, puis va ramasser son dossier photo, le remet dans son porte-documents et, sans un mot, se dirige vers la porte. Pierre, vaguement honteux de sa brutalité, se radoucit.*

Ne le prenez pas mal, monsieur Pignon, je ne suis pas en humeur de parler, c'est tout.

FRANÇOIS
(Glacial.)
Je vous souhaite une bonne nuit, monsieur Brochant.

PIERRE
(Il s'énerve.)
Mais ne partez pas comme ça, bon Dieu ! Qu'est-ce qui ne va pas ?

LE DÎNER DE CONS

FRANÇOIS
Rien, je pensais seulement m'être assez ouvert à vous pour que vous me fassiez un peu plus confiance.

PIERRE
Mais je vous fais confiance...

FRANÇOIS
Quand vous m'avez demandé de raconter ma vie, je ne vous ai pas répondu : « Ça ne vous regarde pas. »

PIERRE
(Après un petit temps.)
Leblanc était un ami à moi, mon meilleur ami, on est brouillés depuis deux ans, voilà, vous êtes content ?

FRANÇOIS
(Il revient vers Pierre, de nouveau plein de curiosité.)
Vous vous êtes brouillés pourquoi ? Parce qu'il tournait autour de votre femme ?

PIERRE
Pas du tout, c'est moi qui la lui ai prise.
François le regarde, perplexe. Pierre explique.
Il vivait avec Christine et elle l'a quitté pour moi.

FRANÇOIS
Vous lui avez pris sa femme ? Mais c'est effrayant, tous

ACTE I

les types qui font de la planche à voile piquent la femme de leurs amis, alors !

PIERRE
(Il craque.)
Je ne fais pas de planche à voile, foutez-moi la paix avec ça !

FRANÇOIS
Comment ça, vous ne faites pas de planche à voile ! Vous m'avez dit tout à l'heure que...

PIERRE
(Se reprenant.)
Je n'en fais pas assez pour piquer la femme de mes... *(Se reprenant encore.)* Mais qu'est-ce que je raconte, moi ! *(A Pignon.)* Bon, votre curiosité est satisfaite, maintenant ?

FRANÇOIS
(Il s'assoit.)
Je ne suis pas sûr d'avoir bien compris : votre femme était la femme de monsieurLeblanc, qui était votre meilleur ami...

PIERRE
Pas sa femme, sa petite amie. Et ils ont écrit un roman ensemble et ils sont venus me le proposer.

LE DÎNER DE CONS

FRANÇOIS

Et alors ?

PIERRE

J'ai pris les deux : le roman et Christine.

FRANÇOIS
(Choqué.)
Mais pourquoi vous avez fait une chose pareille ?

PIERRE

Pourquoi ? Parce qu'elle me plaisait ! Vous n'avez jamais eu envie de la femme d'un autre, vous ?

FRANÇOIS
(Honnête.)
Attendez que je réfléchisse.

PIERRE

Non, ce n'est pas la peine... *(Revenant à sa préoccupation.)* Elle n'est sûrement pas retournée chez Leblanc, ce n'est pas possible, une femme ne revient pas en arrière.

FRANÇOIS
(Tristement.)
J'espère pourtant toujours que la mienne va revenir.

ACTE I

PIERRE

Je vous le souhaite, mais... Non, Leblanc est bien gentil, c'est un brave type, mais elle n'a jamais été vraiment amoureuse de lui... Il ne faisait pas le poids...

FRANÇOIS

Et le mien, alors, vous croyez qu'il fait le poids, avec sa planche à voile !

PIERRE
(Agacé.)
Arrêtez de me ramener tout le temps votre type, c'est pas un concours, bordel !

FRANÇOIS

C'est pas un concours, mais le vôtre est mieux que le mien, c'est évident.

PIERRE
(Qui veut en finir.)
Bon, je crois qu'on a fait le tour de la question, maintenant, monsieur Pignon.

> *Il prend deux comprimés dans le tube et les avale. François ne bouge pas de son fauteuil.*

FRANÇOIS

Pourquoi vous ne lui téléphonez pas ?

LE DÎNER DE CONS

PIERRE

A qui ?

FRANÇOIS

A Leblanc, pour être fixé.

PIERRE

C'est ça, je ne lui ai pas parlé depuis deux ans, je l'appelle et je lui dis : « Est-ce que la femme que je t'ai piquée est revenue chez toi ? »

FRANÇOIS

(Admettant que ce n'est pas la bonne solution.)
Oui, effectivement.
Il réfléchit un petit instant et propose.
Et si je l'appelais, moi ?

PIERRE

(Avec agacement.)
Mais non !

FRANÇOIS

Pourquoi ?

PIERRE

Mais parce que.

ACTE I

FRANÇOIS

On ne se connaît pas assez ?

PIERRE

Mais non, pas pour ça.

FRANÇOIS

J'appelle et je dis : « Bonsoir, je suis un vieil ami de madame Brochant, vous ne savez pas où je peux la joindre ? »

PIERRE

C'est ça, oui ! Il ne va pas se méfier du tout !

FRANÇOIS

J'essaie seulement de vous aider, hein.

PIERRE

Vous avez déjà essayé deux fois, d'abord en faisant un faux numéro, et ensuite, en propulsant chez moi une hystérique que je n'arrive plus à contrôler.

FRANÇOIS
(Vexé.)
D'accord, je n'insiste pas, bonne nuit, monsieur Brochant.

> *Il ramasse son porte-documents et se dirige vers la porte. Pierre le suit du regard, visiblement torturé.*

LE DÎNER DE CONS

PIERRE

Monsieur Pignon.

FRANÇOIS
(Il s'arrête.)

Oui ?

PIERRE
*(Il hésite un peu, toujours torturé,
puis prend la décision.)*

Si je vous dis précisément ce qu'il faut lui dire, vous pensez que vous pouvez le faire ?

FRANÇOIS

Il y a des moments où j'ai l'impression que vous me prenez pour un imbécile.

> *Pierre ne réagit pas. Il regarde François, le visage vide d'expression. François revient vers lui plein d'entrain.*

Mais bien sûr que je peux le faire, qu'est-ce que je dois dire ?

PIERRE
(Après un petit temps.)

On pourrait peut-être se servir du bouquin qu'ils ont écrit ensemble.

ACTE I

FRANÇOIS

Oui ?

PIERRE

Vous appelez Leblanc et vous lui dites que vous êtes producteur de films.

FRANÇOIS

Oui.

PIERRE

Vous avez lu le roman et vous voulez lui acheter les droits pour le cinéma.

FRANÇOIS

Oui.

PIERRE

Et, en fin de conversation, vous lui demandez où vous pouvez joindre sa collaboratrice.

FRANÇOIS

Quelle collaboratrice ?

PIERRE
(Crispé.)
Ma femme ! Je vous ai dit qu'il avait écrit un bouquin avec elle !

LE DÎNER DE CONS

FRANÇOIS
Ah oui, exact, O.K, d'accord, excusez-moi.

PIERRE
(Il regarde François avec un regain d'appréhension.)
Ça ne marchera jamais.

FRANÇOIS
Mais si, ça y est, j'ai compris. C'est pas simple, mais j'ai compris.

PIERRE
(Il s'énerve.)
Quoi, c'est pas simple ! C'est tout simple : vous êtes producteur, O.K. ?

FRANÇOIS
O.K., O.K.

PIERRE
Vous avez une maison de production à Paris. *(Il se reprend.)* Non, pas à Paris, il connaît tout le monde à Paris... Vous êtes producteur étranger.

FRANÇOIS
(Brusquement excité.)
Un gros producteur américain ?

ACTE I

PIERRE
(Il craque.)
Mais non, qu'il est con !

FRANÇOIS
Comment ?

PIERRE
Non, non, excusez-moi... Vous êtes belge, tiens !... Oui, c'est parfait, ça, belge !

FRANÇOIS
Pourquoi belge ?

PIERRE
Parce que c'est très bien, belge, vous êtes un gros producteur belge, vous avez lu *Le Petit Cheval de manège* – c'est le titre du roman – et vous voulez acheter les droits pour le cinéma, O.K. ?

FRANÇOIS
C'est un bon livre ?

PIERRE
Très mauvais, quelle importance ?

FRANÇOIS
Ça m'embête un peu.

LE DÎNER DE CONS

PIERRE

Pourquoi ?

FRANÇOIS

Si le bouquin est mauvais, pourquoi j'irais acheter les droits ?

PIERRE
(Après un petit temps, patiemment.)
Monsieur Pignon...

FRANÇOIS

Oui ?

PIERRE

Vous n'êtes pas producteur ?

FRANÇOIS

Non.

PIERRE

Vous n'êtes pas belge, non plus ?

FRANÇOIS

Non.

PIERRE

Ça n'est donc pas pour acheter les droits du livre que

ACTE I

vous téléphonez, mais pour essayer de savoir où est ma femme.

FRANÇOIS
(Il réfléchit un peu puis sourit finement.)
C'est très tordu, mais bougrement intelligent. *(Il tend la main vers le téléphone.)* C'est quoi, son numéro ?

PIERRE
C'est le 47.45... *(Prudent.)* Je vais le faire moi-même. *(Il décroche.)* Il s'appelle Juste Leblanc.

FRANÇOIS
Il n'a pas de prénom ?

PIERRE
Juste ! C'est le prénom : Juste.

FRANÇOIS
Juste ? C'est pas fréquent comme prénom, je crois que je ne connais personne qui s'appelle...

PIERRE
(Il le coupe.)
Ne perdons pas de temps, monsieur Pignon : Juste Leblanc.

LE DÎNER DE CONS

FRANÇOIS
(Amusé.)

Juste Leblanc.

PIERRE

Et Christine a signé le roman de son nom de jeune fille, Christine Le Guirrec.

FRANÇOIS
(Intéressé.)

Elle est bretonne ?

PIERRE

Je vous en prie, restez concentré.

FRANÇOIS

Oui, excusez-moi.

PIERRE
(Il compose le numéro.)

Et n'oubliez pas, en fin de conversation, vous lui demandez où vous pouvez joindre Christine Le Guirrec... Ça sonne, je vous mets sur haut-parleur !

> *Il appuie sur une touche, la sonnerie, amplifiée, retentit dans la pièce. Pierre tend avec appréhension le téléphone à François.*

C'est à vous.

ACTE I

FRANÇOIS
Je prends l'accent belge ?

PIERRE
Non.

> *La voix de Leblanc résonne dans le haut-parleur.*

LEBLANC
(Off.)

Allô ?

FRANÇOIS
(Avec un accent belge assez maladroit.)
Allô, pourrais-je parler à monsieur Juste Leblanc, une fois ?

> *Pierre lève les yeux au ciel.*

LEBLANC
(Off.)

C'est moi.

FRANÇOIS
Bonsoir, monsieur Leblanc, Georges Van Brueghel à l'appareil, pardonnez-moi de vous déranger à une heure aussi tardive, mais je suis producteur, n'est-ce pas, j'arrive de Belgique une fois, et je suis très intéressé par votre roman... *(Il a oublié le titre.)* par votre roman...

LE DÎNER DE CONS

PIERRE
(Soufflant à mi-voix.)
Le Petit Cheval de manège.

FRANÇOIS
(Au téléphone.)
Le Petit Cheval de manège, et j'aimerais discuter l'achat des droits pour le cinéma.

LEBLANC
(Off.)
C'est une blague ou quoi ?

FRANÇOIS
Pas du tout, non, pourquoi une blague ?

LEBLANC
(Off.)
Etienne ?

FRANÇOIS
Pardon ?

LEBLANC
(Off.)
Arrête tes conneries, Etienne, je t'ai reconnu.

ACTE I

François jette un regard désorienté à Pierre qui lui fait signe de continuer.

FRANÇOIS
(Au téléphone.)
Vous faites erreur, monsieur Leblanc, je ne suis pas Etienne, je suis producteur et j'arrive de Bruxelles.

LEBLANC
(Le coupant, off.)
Quelle production ?

FRANÇOIS
Pardon ?

LEBLANC
(Off.)
Votre maison de production, c'est quoi ?

François se tourne de nouveau vers Pierre qui paraît pris de court lui aussi.

FRANÇOIS
(Il improvise.)
Les Films du Plat Pays.

Il paraît ravi de sa trouvaille et lève le pouce en direction de Pierre qui a l'air de plus en plus appréhensif.

LE DÎNER DE CONS

LEBLANC
(Off.)
Les Films du Plat Pays ?

FRANÇOIS
C'est ça, c'est une maison de production jeune, mais dynamique, monsieur Leblanc.

LEBLANC
(Off, baissant un peu sa garde.)
Et vous êtes intéressé par mon roman ?

FRANÇOIS
Absolument, très intéressé.

LEBLANC
(Off.)
C'est pour le cinéma ou pour la télé ?

FRANÇOIS
Pour le cinéma, monsieur Leblanc, pour le grand écran, pas pour la petite lucarne !

> *Il paraît de plus en plus ravi de sa prestation. Pierre a toujours l'air aussi inquiet. Leblanc, à l'autre bout, semble accroché.*

ACTE I

LEBLANC
(Off.)
Je dois vous prévenir que j'aimerais faire l'adaptation moi-même.

FRANÇOIS
Ça ne paraît pas poser de problèmes, monsieur Leblanc, vous devez seulement savoir que nous ne sommes pas une grosse production et que nous n'avons pas d'énormes moyens, mais si vous n'êtes pas trop gourmand...

LEBLANC
(Off.)
On réglera les questions d'argent plus tard, quand puis-je vous rencontrer, monsieur... monsieur ?

FRANÇOIS
Van Brueghel, je vous appelle chez vous demain et on prend rendez-vous, une fois.

LEBLANC
(Off.)
Entendu, à demain !

FRANÇOIS
A demain, monsieur Leblanc.

LE DÎNER DE CONS

Il raccroche et se tourne vers Pierre, triomphant.
Et voilà ! On a les droits ! Et pour pas cher, sûrement !
Il a marché, il a marché à fond !

PIERRE
(Il le regarde, incrédule.)
Et ma femme ?

FRANÇOIS
Quoi ?

PIERRE
Il a oublié ma femme ! Il fait le clown pendant cinq minutes, et il oublie ma femme !

FRANÇOIS
(Il s'envoie une claque sur le front.)
La boulette !

PIERRE
(Avec la même incrédulité.)
Ça dépasse tout ce que j'ai pu imaginer.

FRANÇOIS
Ah ! oui, j'ai fait la boulette.

ACTE I

PIERRE
(Presque avec respect.)
On a repoussé les limites, là.

FRANÇOIS
(Il lui prend le téléphone.)
Je le rappelle.

PIERRE
Rendez-moi ce téléphone !

FRANÇOIS
Je lui dis : « A propos, monsieur Leblanc, j'ai oublié de vous demander où je pouvais joindre votre collaboratrice, Christine Le Guirrec », c'est tout simple !

PIERRE
Rendez-moi ce téléphone.

FRANÇOIS
(Il lui rend le téléphone.)
C'est dommage, on allait être fixé.

PIERRE
(Il le regarde un petit instant, de nouveau torturé.)
Vous ne lui direz rien de plus que : « A propos, j'ai oublié de vous demander où je pouvais joindre votre collaboratrice, Christine Le Guirrec » ?

LE DÎNER DE CONS

FRANÇOIS
Pas un mot de plus.

> *Pierre hésite encore un peu, puis il refait le numéro et appuie de nouveau sur la touche du haut-parleur. La sonnerie retentit, puis la voix de Leblanc, off.*

LEBLANC
(Off.)

Allô ?

FRANÇOIS
(Au téléphone.)
Monsieur Leblanc, pardon de vous déranger de nouveau, c'est encore monsieur Van Brueghel à l'appareil...

LEBLANC
(Le coupant, off.)
Excusez-moi, je suis sur l'autre ligne avec mon agent, je vous rappelle dans une minute, quel est votre numéro ?

FRANÇOIS
(Il regarde le numéro inscrit sur son téléphone.)
Quarante-cinq, nonente, cinquante-six, zéro trois.

ACTE I

PIERRE
(Catastrophé.)
Oh, nom de Dieu ! *(Il coupe la communication.)*

FRANÇOIS
(Au téléphone.)
Allô ?... Allô ?... *(A Pierre.)* Il a coupé.

PIERRE
Mais non, c'est moi, abruti !

FRANÇOIS
Pardon ?

PIERRE
Vous lui avez donné mon numéro de téléphone !

FRANÇOIS
Eh bien, oui, il me demande où il peut me rappeler !

PIERRE
(Incrédule.)
Vous ne vous reposez jamais, vous, hein ?

FRANÇOIS
(De bonne foi.)
Excusez-moi, mais j'avoue que je suis un peu perdu, là. J'essaie de comprendre, mais...

LE DÎNER DE CONS

PIERRE
(Il hoche la tête avec une sorte de respect.)
La classe mondiale. Peut-être même le champion du monde.

Le téléphone sonne. François s'éclaire.

FRANÇOIS
Ça sonne.

PIERRE
Il est content ! Ça sonne et il est content !

FRANÇOIS
C'est lui qui rappelle... On ne répond pas ?

Le répondeur se déclenche. On entend d'abord le message de Pierre, puis la voix de Leblanc.

LEBLANC
(Off.)
Pierre, c'est Juste. Je me suis demandé pendant quelques secondes ce que cet étrange producteur belge faisait chez toi, et puis j'ai compris que tu voulais tout simplement savoir où était ta femme. Si c'est le cas, je te suggère de me le demander directement et sans accent, salut.

ACTE I

PIERRE
(Il décroche précipitamment.)
Juste ?

LEBLANC
(Off.)
Oui ?

PIERRE
(Au téléphone.)
C'est moi. Où est-elle ?

LEBLANC
(Off, après un petit temps.)
Ça fait deux ans que j'attends ce moment et bizarrement, ça ne me réjouit pas tellement... Je crois même que je te plains, tu vois.

PIERRE
Je ne t'en demande pas tant, dis-moi seulement si elle est chez toi ?

LEBLANC
(Off.)
Non. Elle m'a appelé tout à l'heure pour me dire qu'elle te quittait, elle était bouleversée, elle t'en voulait beaucoup à cause de ton dîner de ce soir, ton fameux dîner là... ton dîner de...

LE DÎNER DE CONS

PIERRE

(Précipitamment.)

Ne quitte pas une seconde ! *(A François.)* Vous pouvez arrêter le répondeur, s'il vous plaît ?

François obéit. Pierre reprend la communication.

Elle ne t'a pas dit où elle allait ? *(Torturé.)* Mais où elle a bien pu aller, bon Dieu !... Oui, je sais que tu as vécu ça, toi aussi, mais moi, en plus, j'ai un tour de reins... Non, non, je ne plaisante pas, tu me verrais, tu rigolerais bien, je ne peux pas bouger, je suis cassé en deux, lamentable, quoi... *(Soudain très ému.)* ... Que tu me proposes ça, après ce que je t'ai fait, ça me touche beaucoup, mais je préfère être seul... Non, tu es gentil, ne te dérange pas, je préfère être seul, je te dis... Bonne nuit, et encore merci.

Il va pour raccrocher, mais se ravise.

Juste ?... Tu n'es pas obligé de le faire, mais si par hasard, elle te rappelait... Merci, je ne mérite vraiment pas un ami comme toi.

Il raccroche et se tourne vers François toujours planté près de la porte.

FRANÇOIS

J'étais en train de m'éclipser...

PIERRE

Vous pouvez me passer le bloc, là, s'il vous plaît ?

ACTE I

François s'exécute.

Vous allez laisser ce petit mot sur la porte, c'est pour l'autre folle.

Il se met à écrire.

« J'ai pris des calmants, je dors, je ne veux voir personne ce soir. »

Il pose la feuille de papier sur le guéridon devant lui.

Voilà, j'espère qu'elle aura le bon goût de me foutre la paix.

FRANÇOIS

Vous voulez que je l'attende ? Vous vous enfermez dans votre chambre, et je fais barrage.

PIERRE

Non, non, vous en avez assez fait comme ça.

FRANÇOIS

Je sais que je n'ai pas été à la hauteur, tout à l'heure, au téléphone, et je suis vraiment désolé, monsieur Brochant, j'aurais tellement voulu vous aider...

PIERRE

Vous allez m'aider à aller jusqu'à mon lit, je ne vous en demande pas plus.

LE DÎNER DE CONS

Il se relève difficilement. François l'aide et l'emmène tout doucement vers sa chambre.

FRANÇOIS
Mais, j'y pense, si je vous apprenais à faire des maquettes ?

PIERRE
Non.

Il s'arrête pour reprendre son souffle. François revient à la charge.

FRANÇOIS
Voilà une chose qui m'a bien aidé, vous savez.

PIERRE
Non.

FRANÇOIS
C'est le moment idéal pour apprendre, vous vous rendez compte, vous êtes à la fois abandonné et handicapé !...

PIERRE
(Un ton au-dessus.)
J'ai dit non ! Je ne veux pas faire des maquettes, c'est clair, bordel, je ne veux pas !

ACTE I

Il lui referme la porte au nez.
Bonne nuit, monsieur Pignon.

FRANÇOIS
(A la porte fermée.)
Appelez-moi François, c'est plus simple... Vous ne voyez pas d'inconvénient à ce que je vous appelle Pierre, Pierre ?

> *Il va prendre son porte-documents, hésite un peu et, souriant, il sort les photos des maquettes qu'il dispose sur la table en disant en direction de la chambre.*

Je vous laisse mes photos, je les ai en double... Comme ça, si vous vous ennuyez demain matin... Bonne nuit, Pierre.

> *N'ayant toujours pas de réponse, il va pour sortir et se ravise.*

J'oubliais le petit mot pour Marlène !

> *Il va chercher le mot sur la table. Christine entre dans la pièce.*

CHRISTINE
Qui êtes-vous ?... *(Elle appelle.)* Pierre !

FRANÇOIS
(S'avançant vers elle.)
Chut !... N'entrez pas : il dort !

LE DÎNER DE CONS

CHRISTINE
Pardon ?

FRANÇOIS
C'est moi que vous avez eu tout à l'heure au téléphone... Mais si : le Bélier, ascendant Gémeaux !

CHRISTINE
Comment ?

FRANÇOIS
Si. Je voulais appeler le médecin et je suis tombé sur vous, et Pierre m'a expliqué après que vous étiez sa... sa petite amie, quoi.

CHRISTINE
Sa petite amie ?

FRANÇOIS
Oui, et je suis désolé si j'ai été un peu embrouillé au bout du fil, parce qu'en fait, la situation est toute simple : sa femme l'a quitté, mais il va très bien, il est très heureux, il dort, et il ne veut pas qu'on le dérange, c'est clair ?

CHRISTINE
(Glacée.)
Très clair, oui... Je vais lui dire deux mots !

ACTE I

FRANÇOIS
Marlène... Vous me permettez de vous appeler Marlène ?

CHRISTINE
Mais je vous en prie.

FRANÇOIS
Je ne connais pas Pierre depuis longtemps, mais je crois assez bien le comprendre, et j'aimerais vous donner un conseil d'ami.

CHRISTINE
Je vous écoute.

FRANÇOIS
Attendez un peu. Sa femme est partie, ne vous précipitez pas dans la brèche. Restez la maîtresse sensuelle et amusante que j'imagine, soyez porte-jarretelles et champagne, si vous voyez ce que je veux dire, continuez à le voir trois, quatre fois par semaine comme avant, distrayez-le et attendez votre tour. S'il doit venir, il viendra.

CHRISTINE
C'est lui qui vous a dit qu'il me voyait trois, quatre fois par semaine ?

LE DÎNER DE CONS

FRANÇOIS
(Galant.)
Il m'a dit qu'il vous verrait tous les jours s'il le pouvait, et je le comprends, vous êtes une fort jolie femme.

CHRISTINE
(Après un petit temps.)
Je pense que vous avez raison, il vaut mieux que je ne le réveille pas.

FRANÇOIS
Bravo, Marlène. Rentrez chez vous sagement et je vous fais une prédiction : il sonnera à votre porte très vite avec un flacon de parfum pour vous et un gros nonosse pour les chiens !

CHRISTINE
C'est vous qui deviez dîner avec lui, ce soir ?

FRANCOIS
(Surpris.)
Comment le savez-vous ? Il vous a parlé de moi ?

CHRISTINE
Oui, mais même sans ça, je vous aurais reconnu.

Elle sort. François se frotte les mains avec satisfaction.

ACTE I

FRANÇOIS

Et voilà le travail !

> *Pierre apparaît à la porte de sa chambre, visiblement embrumé. François le regarde avec compassion.*

Ça ne va pas ? Vous n'arrivez pas à dormir ?

PIERRE

> *(Un peu pâteux.)*

Vous êtes encore là, vous ?

FRANÇOIS

Vous pouvez remercier le ciel que je sois encore là, Pierre.

PIERRE

Pourquoi ?

FRANÇOIS

> *(Il sourit à l'avance de son petit effet.)*

On a eu de la visite.

PIERRE

Qui ça ?

FRANÇOIS

La folle !

LE DÎNER DE CONS

PIERRE

Marlène ?

FRANÇOIS

Elle sort d'ici à l'instant, elle allait forcer la porte de votre chambre, mais vous avez la chance de connaître un monsieur qui s'appelle François Pignon et qui a dit : « On ne passe pas ! »

PIERRE
(Incrédule.)
Vous avez réussi à virer Marlène ?

FRANÇOIS

Oui, et sans me vanter, je crois que je l'ai jouée assez finement, ce coup-ci. J'ai alterné la douceur et la fermeté et elle s'est retrouvée dehors vite fait !... Vous n'êtes pas près de la revoir, celle-là !

PIERRE
(Toujours incrédule.)
Ça ne lui ressemble pas du tout de se laisser virer comme ça.

FRANÇOIS

J'avoue que je l'ai trouvée beaucoup moins excitée que vous ne le disiez. Elle m'a même parue plutôt froide.

PIERRE

Marlène, froide ?

ACTE I

FRANÇOIS

Oui, enfin, réservée, quoi, je m'attendais au pire, moi, on a eu une nymphomane au ministère, madame Loiseau, elle travaillait aux plus-values, on ne pouvait pas entrer dans son bureau. Elle a même agressé monsieur Lepetit, le délégué du personnel. Un ancien d'Algérie ! Non, la vôtre est beaucoup plus raisonnable... et jolie aussi, c'est une très belle femme, vous l'avez connue comment ?

PIERRE

J'ai publié un bouquin d'elle.

FRANÇOIS

Ah, elle écrit, elle aussi ?

PIERRE

C'est beaucoup dire.

FRANÇOIS
(L'œil brillant.)

Un livre érotique ?

PIERRE
(Surpris.)

Non, pourquoi ?

LE DÎNER DE CONS

FRANÇOIS

Ben, une nymphomane...

PIERRE

Mais non, c'est un bouquin spiritualiste sur son voyage en Inde... un fatras... Je l'ai publié dans une de mes collections les plus débiles : « sotérus. »

> *Il se dirige lentement mais sans aide vers le bar. François s'éclaire.*

FRANÇOIS

Vous marchez tout seul, ça va mieux, dites-moi !

PIERRE

Un peu.
> *Il se sert un verre d'eau, songeur.*

Je n'arrive pas à croire que vous ayez pu la mettre dehors aussi facilement.

> *On sonne à la porte. Pierre et François se figent.*

PIERRE

Qui est-ce, encore ?

FRANÇOIS
(Excité.)
Laissez. J'y vais ! Ça n'arrête pas, hein !

ACTE I

Il va ouvrir et revient dans le living, précédant Juste Leblanc.

C'est monsieur Leblanc.

Leblanc a le même âge que Pierre et le visage d'un homme sensible et généreux. Il sourit à Pierre.

LEBLANC
Je suis venu quand même.

PIERRE
(Touché.)
Tu es vraiment un salaud d'être aussi gentil, Juste.

Les deux hommes s'embrassent.

LEBLANC
Ça m'embêtait de te laisser tout seul.

FRANÇOIS
Il n'était pas tout seul. *(Il se présente.)* François Pignon.

LEBLANC
(Il serre la main de François.)
Très heureux. *(A Pierre.)* C'est le producteur belge ?

PIERRE
Oui, et il allait partir. Au revoir, monsieur Pignon.

LE DÎNER DE CONS

FRANÇOIS

Ne m'appelez pas monsieur Pignon, appelez-moi François, ça me ferait plaisir.

PIERRE

D'accord, au revoir.

FRANÇOIS

Au revoir, Pierre.

> *Il va ramasser son porte-documents et montre à Pierre les photos étalées sur la table.*

Je vous ai laissé quelques photos... si vous avez le temps de jeter un coup d'œil, demain...

PIERRE

Vous êtes gentil, vous pouvez les garder, j'ai peur de ne pas avoir la tête à ça, en ce moment.

FRANÇOIS

Bien.

> *Il va ramasser ses photos.*

PIERRE
(A Leblanc.)

Tu vas bien, toi ?

ACTE I

FRANÇOIS
(Montrant à Leblanc ses photos.)
Ce sont des constructions que je fais avec des allumettes...

PIERRE
(Il le coupe.)
Monsieur Pignon, Juste ne s'est pas déplacé jusqu'ici pour parler maquette.

FRANÇOIS
(Pincé.)
Ah ! bon, d'accord, excusez-moi.

Il se met à ranger méthodiquement ses photos dans le dossier. Pierre se tourne vers Leblanc.

PIERRE
(Chaleureux.)
Qu'est-ce que tu deviens, dis-moi ?

LEBLANC
J'écris toujours... C'est tout ce que je sais faire, tu sais.

PIERRE
Tu es sur quoi, en ce moment ?

LE DÎNER DE CONS

LEBLANC
Une biographie de Balzac. Ça me plaît bien. J'aime écrire sur les grands auteurs, j'espère toujours que leur talent est contagieux.

PIERRE
Tu me la donneras à lire ?

LEBLANC
Ne te crois pas obligé, surtout... mais je ne suis pas venu ici pour te parler de mes œuvres, elle m'a appelé, tout à l'heure.

PIERRE
(De nouveau tendu.)
Alors ?

LEBLANC
J'ai peur qu'elle soit allée chez Meneaux.

PIERRE
Quoi ?

LEBLANC
Tu connais Pascal Meneaux, le publicitaire, elle est sans doute chez lui en ce moment.

ACTE I

PIERRE
(Horrifié.)

Non !

LEBLANC
Elle m'a dit au téléphone qu'il l'avait invitée à boire un verre, j'ai essayé de la dissuader, mais...

> *François écoute passionnément ce dialogue en ramassant très lentement ses photos.*
> *Pierre se tourne vers lui, impatient.*

PIERRE
Vous n'avez pas encore fini, là ?

FRANÇOIS
Oui, non, je les range par ordre chronologique, les premières constructions d'abord...

PIERRE
(Il le coupe.)
Vous les rangerez chez vous, s'il vous plaît.

FRANÇOIS
(Sèchement.)

D'accord.

PIERRE
(A Leblanc.)
Mais pourquoi Meneaux ? C'est ce qu'il y a de pire !

LE DÎNER DE CONS

LEBLANC
C'est peut-être pour ça qu'elle l'a choisi.
François approuve de la tête.
Elle t'en veut, tu sais.

PIERRE
Et elle choisit un don juan de merde, un cavaleur dégueulasse, mais elle est folle !

FRANÇOIS
(Qui referme son porte-documents.)
Et la mienne, alors ! Vous avez vu ce qu'elle a choisi !

PIERRE
(Il craque.)
Vous allez nous lâcher un peu, vous !

FRANÇOIS
(Glacé.)
Bonsoir, monsieur Brochant.

Il se dirige vers la porte.

PIERRE
(A Leblanc.)
Où il habite, ce salaud ?

ACTE I

LEBLANC
Je sais qu'il a une garçonnière quelque part dans Paris, mais pour avoir l'adresse...

FRANÇOIS
Bonsoir, monsieur Leblanc.

LEBLANC
Bonsoir. *(A Pierre.)* Ça doit être très secret, et je ne vois pas qui pourrait nous renseigner.

FRANÇOIS
(Qui est sur le point de sortir.)
Bonsoir, monsieur Brochant.

PIERRE
(Il crie.)
Bonsoir !... Enfin, on doit la trouver cette adresse, bon Dieu...

FRANÇOIS
(Avec l'air de ne pas y toucher.)
Il a été contrôlé, Meneaux.

PIERRE
Quoi ?

LE DÎNER DE CONS

FRANÇOIS

Si c'est Pascal Meneaux, le publicitaire, il a été contrôlé, je le sais, j'ai vu son dossier au ministère. C'est Cheval, un ami à moi, qui l'a contrôlé. Il a effectivement une garçonnière dans Paris, mais elle n'est pas secrète du tout. En tout cas, pas pour nous. Bonsoir, monsieur Brochant.

François sort. Pierre se tourne vers Leblanc, affolé.

PIERRE

Rattrape-le, bordel !

Leblanc se précipite vers le palier et revient une seconde plus tard avec François.

FRANÇOIS

Vous avez besoin de moi, Pierre ?

PIERRE

Excusez-moi, monsieur Pignon, je me suis montré un peu nerveux tout à l'heure...

FRANÇOIS
(Il le coupe.)
François, appelez-moi François.

ACTE I

PIERRE
Excusez-moi, François.

FRANÇOIS
J'avoue que j'ai été assez meurtri, je vous laisse mes photos, vous me les jetez à la tête, je m'arrange pour virer l'autre folle, vous me remerciez à peine, je comprends que vous soyez nerveux, mais...

PIERRE
Bon, je vous demande pardon... Asseyez-vous, détendez-vous, vous voulez boire quelque chose, mon petit François ?

FRANÇOIS
(Il s'assoit.)
Non merci.
> *Il ouvre son porte-documents et ressort ses photos.*

C'est pas pour vous les montrer, c'est juste pour les ranger. Je ne vous embêterai plus avec ça, n'ayez pas peur.

PIERRE
(Faux.)
Mais non, mais non, vous ne m'embêtez pas du tout.

LE DÎNER DE CONS

(A Leblanc.) François fait des constructions assez extraordinaires avec des allumettes.

LEBLANC
(Poliment.)
Vraiment ?

PIERRE
Absolument... Montrez-lui le Pont-Neuf, François.

FRANÇOIS
Je n'ai pas fait le Pont-Neuf.

PIERRE
(Il craque un peu.)
Enfin, montrez-lui un pont ! *(A Leblanc.)* Tu vas voir, c'est très beau.

FRANÇOIS
(Il tend une photo à Leblanc.)
Voilà mon premier, trois cent quarante-trois allumettes, comme vous pouvez le voir, c'est assez rudimentaire.

LEBLANC
(Faux.)
Mais très prometteur.

ACTE I

FRANÇOIS

Vous allez voir la suite !

PIERRE

(Faisant un gros effort pour rester mielleux.)
Vous pourriez peut-être nous obtenir l'adresse de cette garçonnière, François ?

FRANÇOIS

Il faudrait que j'appelle Cheval et ça me gêne, à cette heure-ci. *(Il jette un coup d'œil à sa montre.)* Il doit être en train de regarder le foot sur Canal +, ce n'est pas le moment de le déranger. *(Il tend une autre photo à Leblanc.)* Ça, c'est un derrick, j'avais vu une photo de Hassi-Messaoud, et je me suis dit : « Tiens, si je faisais un derrick ! »

LEBLANC

(Il regarde la photo.)
C'est un superbe derrick, oui. *(A Pierre.)* Tu as vu ?

PIERRE

(Nerveux.)

Oui. Oui...

FRANÇOIS

(Il se met à rire.)
Vous savez comment je l'avais appelé ? Beau Derrick !

LE DÎNER DE CONS

A cause de l'actrice américaine Bo Derek ! Beau Derrick, Bo Derek !

PIERRE
(De plus en plus tendu.)
François, ma femme est probablement chez le plus grand obsédé sexuel de Paris, vous pourriez peut-être faire un effort et appeler Cheval !

FRANÇOIS
Mais pourquoi elle est allée chez cet obsédé sexuel ?

Pierre et Leblanc échangent un regard.

PIERRE
(D'une voix plate.)
Pourquoi la vôtre est-elle allée chez Jean-Patrick Sébastien ?

FRANÇOIS
(Il le corrige.)
Jean-Patrice Benjamin.

PIERRE
Si vous voulez. Mais pourquoi lui ?

FRANÇOIS
Ah ! ça, je ne sais vraiment pas, alors !

ACTE I

PIERRE

Eh bien, moi non plus, je ne sais pas. Ça vous ennuierait d'appeler Cheval, maintenant ?

FRANÇOIS
(Il sort de son porte-documents un carnet d'adresses.)
Est-ce que j'ai son numéro personnel, au moins ?... Voyons, voyons, Cheval... Cheval... Ah oui, Cheval, vous avez de la chance, je l'ai !... Tiens, j'ai son frère aussi, Louis Cheval, qui est dans l'enseignement... C'est drôle, parce que je le connais à peine, j'ai dû noter son numéro le jour de la communion du petit Cheval....

PIERRE
(Il le coupe.)
C'est passionnant, mais vous nous raconterez ça plus tard, dépêchez-vous, s'il vous plaît.

FRANÇOIS
(Il regarde sa montre.)
Je vous conseille d'attendre la mi-temps.

PIERRE

Pourquoi ?

FRANÇOIS

Je veux bien appeler maintenant, mais si on est dans

une phase de jeu, il risque d'être de mauvais poil et de m'envoyer sur les roses. Je serais vous, j'attendrais la mi-temps.

PIERRE
(De plus en plus tendu.)
Et c'est quand, la mi-temps ?

FRANÇOIS
On ne doit pas être très loin. Le mieux, c'est de regarder le match, vous avez la télé ?

PIERRE
(Il s'énerve.)
Je ne vais pas regarder un match de foot, maintenant !

FRANÇOIS
C'est Saint-Etienne contre Auxerre...

PIERRE
(A bout.)
Mais je m'en fous !... *(Il se reprend.)* Excusez-moi. Il y a une télé dans la cuisine.

FRANÇOIS
(Il se lève.)
A la mi-temps, j'appelle Cheval, c'est la seule façon de la jouer finement, croyez-moi !... Où est la cuisine ?

Pierre pointe son doigt vers une porte.

ACTE I

FRANÇOIS
A tout de suite... C'est bien pratique une télé dans la cuisine...

> *François disparaît dans la cuisine. On entend le son off d'un match de foot. Leblanc se tourne vers Pierre.*

LEBLANC
Dis-moi, il ne serait pas un peu con ?

PIERRE
C'est pour ça que je l'ai invité.

LEBLANC
(Incrédule.)
Ne me dis pas que c'est le type ?...

PIERRE
(Cri du cœur.)
Si... C'est horrible... horrible...

FRANÇOIS
(Off.)
Je ne trouve pas Canal +... Ah si, je l'ai !

LEBLANC
(Il s'éclaire.)
C'est pas vrai, c'est le con de ton dîner ?

LE DÎNER DE CONS

PIERRE
(Détruit.)
Je n'en peux plus, Juste... Je n'en peux plus...
Leblanc se met à rire.
C'est pas drôle.
Le son de la télé éclate très fort. Pierre crie.
Moins fort !
Le son baisse.

LEBLANC
(Secoué de rire.)
Excuse-moi... mais je te vois avec ton tour de reins et ton chagrin d'amour entre les mains de ce... ! Oh, nom de Dieu !.... Oh, nom de Dieu !...

PIERRE
(Abattu.)
Arrête, s'il te plaît.

LEBLANC
(Il parvient à reprendre son sérieux.)
Tu vois, je ne me suis pas vraiment réjoui quand Christine m'a annoncé qu'elle te quittait, mais de t'imaginer en plein désarroi, avec comme unique confident un con que tu as sélectionné avec toute ta méchanceté, alors là, excuse-moi, mais ça me fait vraiment hurler de rire.

ACTE I

Il s'esclaffe de nouveau.
On sonne à la porte.

PIERRE

Qu'est-ce que c'est, encore ?

LEBLANC

Bouge pas.

> *Il va ouvrir la porte.*
> *Marlène entre. La trentaine, séduisante, mais un peu trop excitée. Elle se précipite vers Pierre.*

MARLÈNE

Pardon d'arriver si tard, mais je n'ai trouvé personne pour les chiens, ils sont dans la voiture, je suis couverte de poils ! Tu vas mieux, mon pauvre chéri ?

> *Pierre la regarde, l'œil rond. Elle se tourne vers Leblanc.*

Et ça, c'est le Bélier, je suppose ! Le vilain Bélier menteur !

PIERRE

(Avec un calme inquiétant.)
Non, il est dans la cuisine, le vilain Bélier menteur, et j'ai deux mots à lui dire ! *(Il crie.)* Pignon !...

> *La télé s'arrête dans la cuisine.*
> *François surgit.*

LE DÎNER DE CONS

FRANÇOIS

Auxerre en a mis un ! La mi-temps dans une... *(Il aperçoit Marlène et son visage s'éclaire.)* Elle est rentrée ?

PIERRE
(Il fait les présentations.)
François Pignon... Marlène.

François qui s'avançait, souriant, vers Marlène, s'arrête net.

FRANÇOIS

Marlène ?

PIERRE
(Glacé.)
Qui avez-vous viré, tout à l'heure, Pignon ?

FRANÇOIS

Marlène !

MARLÈNE

Comment ?

PIERRE
(Un ton au-dessus.)
Elle est là, Marlène, devant vous ! Qui avez-vous viré ?

ACTE I

LEBLANC
(Incrédule.)

Ne me dis pas que !... *(Il se met à rire.)* Oh, nom de Dieu !

PIERRE
(Crispé.)

Toi, si c'est pour rigoler, tu peux rentrer chez toi !

LEBLANC
(Il se reprend.)

Excuse-moi.

PIERRE
(A François.)

C'est une femme brune avec un tailleur gris que vous avez foutue dehors ?

FRANÇOIS
(Se défendant.)

Vous me dites : « L'autre folle va rappliquer, l'autre folle va rappliquer ! », je vois arriver une femme, je me dis : « C'est elle, c'est la follingue ! »

MARLÈNE
(A Pierre.)

De qui il parle, là ?

LE DÎNER DE CONS

LEBLANC
(Au bord d'exploser de rire.)
Je reviens...

Il se précipite vers la cuisine et éclate de rire, off.

PIERRE
(A François, d'une voix blanche.)
Qu'est-ce que vous lui avez dit exactement ?

FRANÇOIS
A qui ?

PIERRE
(Il crie.)
A ma femme !

FRANÇOIS
Mais rien !

PIERRE
Elle revient à la maison, vous lui parlez cinq minutes et elle repart en courant, qu'est-ce que vous lui avez dit !

FRANÇOIS
(Geste vers Marlène.)
Mais je croyais que c'était l'hystérique, je vous dis !

ACTE I

J'ai pensé, elle a trouvé quelqu'un pour garder les chiens et elle vient foutre la pagaille, cette nymphomane !

MARLÈNE
Mais de qui il parle, là ?

> *Leblanc, qui ressortait de la cuisine, repart précipitamment. On l'entend rire off.*

PIERRE
Marlène, tu vas être gentille, tu vas rentrer chez toi, j'ai un problème grave à régler.

MARLÈNE
Pierre, écoute-moi...

PIERRE
(Un ton au-dessus.)
Marlène, va-t'en, s'il te plaît !

MARLÈNE
Quoi ? Je m'entasse dans la voiture avec les quatre chiens pour venir te voir et tu me fous dehors ?

> *Leblanc sort rapidement de la cuisine et vient prendre Marlène par le bras.*

LE DÎNER DE CONS

LEBLANC
Un conseil, Marlène, allez-vous-en ou ça va mal tourner.

MARLÈNE
Vous, foutez-moi la paix !

LEBLANC
(Il l'entraîne vers la porte.)
Croyez-moi, filez tout de suite, c'est ce que vous avez de mieux à faire !

PIERRE
Va-t'en vite, Marlène ! Vite !

MARLÈNE
(Elle dégage son bras et se tourne vers Pierre, dramatique.)
La follingue, l'hystérique et la nymphomane prient le cochon, le salaud et le minable de ne plus jamais leur téléphoner ! Jamais !

Elle sort. Pierre se tourne vers François avec horreur.

PIERRE
Il a viré ma femme. Elle est revenue et il l'a virée. Il l'a envoyée tout droit chez Meneaux.

ACTE I

FRANÇOIS
O.K., d'accord, j'ai fait une boulette, mais je ne suis pas vraiment responsable, je vous jure, n'importe qui se serait trompé.

PIERRE
(D'une voix blanche.)
Allez-vous-en.

LEBLANC
(Revenant vers eux.)
Non, on a besoin de lui, Pierre. *(A François.)* S'il vous plaît, appelez Cheval.

PIERRE
(Fixant toujours François avec horreur.)
Je ne veux plus le voir, qu'il s'en aille.

FRANÇOIS
Je suis vraiment désolé, monsieur Brochant, j'ai envie de disparaître sous terre, vous ne pouvez pas savoir comme j'avais envie de vous aider !

LEBLANC
(Pressant.)
Pierre, c'est la mi-temps, il faut appeler Cheval tout de suite.

LE DÎNER DE CONS

FRANÇOIS

Je vais me rattraper, monsieur Brochant, dites-moi d'appeler Cheval... Je vous en prie, dites-moi d'appeler Cheval !

Pierre hésite. Leblanc intervient de nouveau.

LEBLANC

Dis-lui, Pierre, pense à Christine, il faut la tirer de là, bon Dieu ! Allez, dis-lui d'appeler Cheval !

FRANÇOIS

Allez, dites-moi d'appeler Cheval !

LEBLANC

Dis-lui d'appeler Cheval.

FRANÇOIS

Dites-moi d'appeler Cheval.

LEBLANC

Dis-lui d'appeler Cheval.

FRANÇOIS

Dites-moi d'appeler Cheval.

PIERRE

(Il fait visiblement un gros effort sur lui-même.)
Appelez Cheval.

ACTE I

FRANÇOIS
(Il s'éclaire.)
Merci... merci, monsieur Brochant !...
Il se dirige vers le téléphone.
Tout va s'arranger, vous allez voir, tout va s'arranger !

Il compose un numéro.

PIERRE
Mettez le haut-parleur.

> *On entend la sonnerie du téléphone, amplifiée par le haut-parleur, puis la voix de Cheval retentit dans la pièce.*

CHEVAL
(Off.)
Allô, j'écoute !

FRANÇOIS
(Au téléphone.)
Lucien, tu vas bien ? c'est François.

CHEVAL
(Off.)
Alors, comment il va, ce soir, monsieur l'Auxerrois ?

LE DÎNER DE CONS

FRANÇOIS
D'abord, je ne suis pas Auxerrois, et puis, deux-un, c'est pas encore perdu.

CHEVAL
(Off.)
C'est pas perdu, écoutez-le, le con ! Il se prend deux buts dans les cinq premières minutes et il dit que c'est pas perdu ! C'est des guignols, les Auxerrois, des petites bites, des jean-foutre !

FRANÇOIS
Et qui s'est fait déchirer à Bordeaux, la semaine dernière ? C'est Auxerre, peut-être ? *(Il crie.)* Dans le cul, les Verts, dans le cul !

CHEVAL
(Off.)
Va te faire foutre, tiens !

FRANÇOIS
Toi aussi !
Cheval raccroche, François l'imite.
Quel connard, ce type !... *(Criant devant le téléphone.)* Stéphanois ! Tête de noix !... *(Méprisant.)* Les Verts ! Les vers de terre, oui !... Connard !
Pierre et Leblanc se regardent, bouche bée.

ACTE I

François met un petit temps à comprendre, puis il reprend le téléphone.

Je le rappelle.

LEBLANC
(Soufflé.)

Mais il est hors concours, celui-là.

PIERRE
(Brisé.)

C'est comme ça depuis une heure, ça n'arrête pas.

FRANÇOIS
(Composant le numéro.)

Je le rappelle, je vous dis, c'est pas grave du tout, on s'engueule tout le temps, on s'adore !

La sonnerie du téléphone, amplifiée par le haut-parleur, retentit de nouveau dans la pièce, puis la voix de Cheval, off.

CHEVAL
(Off, jovial.)

Pignon ?

FRANÇOIS
(Au téléphone.)

Oui, Lucien, je te rappelle parce que j'ai un service à te demander.

LE DÎNER DE CONS

CHEVAL
(Off.)

D'accord, à une condition.

FRANÇOIS

Laquelle ?

CHEVAL
(Off.)

Que tu cries : « Allez les Verts ! »

FRANÇOIS

Quoi ?

CHEVAL
(Off.)

Je veux t'entendre crier : « Allez les Verts ! »

> *François hésite. Il se tourne vers Pierre et Leblanc, visiblement torturé.*

PIERRE
(Tendu.)

Eh bien, allez-y !

> *François hésite toujours, en proie à un vrai débat intérieur. Leblanc intervient à son tour.*

LEBLANC

Allez-y, bon Dieu !

ACTE I

François les regarde, pathétique. Pierre et Leblanc, pour l'encourager, se mettent à scander ensemble d'une voix persuasive, sur le même ton que les supporters.

PIERRE & LEBLANC
Allez les Verts ! Allez les Verts !... Allez les Verts !

FRANÇOIS
(Gravement, à Pierre.)
C'est pour vous que je le fais, Pierre. *(Au téléphone.)* Allez les Verts.

CHEVAL
(Off.)
Oh ! toi, tu dois avoir quelque chose de sérieux à me demander !

FRANÇOIS
Oui, Lucien, c'est important.

CHEVAL
(Off.)
Je t'écoute.

FRANÇOIS
C'est bien toi qui es sur le dossier Meneaux ?... Pascal Meneaux, le publicitaire.

LE DÎNER DE CONS

CHEVAL
(Off.)
Affirmatif.

FRANÇOIS
Je sais qu'il a une garçonnière dans Paris et j'aimerais avoir l'adresse.

CHEVAL
(Off.)
Tu n'es pas du tout son genre, tu sais !

FRANÇOIS
Comment ?

CHEVAL
(Off.)
Il les aime avec plus de poitrine et moins de poils aux jambes ! *(Il éclate de rire.)*

> *François pouffe malgré lui et se tourne vers Pierre, confus.*

FRANÇOIS
C'est un boute-en-train. *(Au téléphone.)* C'est sérieux, Lucien, j'ai besoin de cette adresse.

ACTE I

CHEVAL
(Off.)
Mais pourquoi tu veux l'adresse du baisodrome de Meneaux ?

FRANÇOIS
(Il hésite un peu, puis explique.)
Je vais te dire la vérité, c'est pour un ami qui pense que sa femme est là-bas.

CHEVAL
(Off.)
Chez Meneaux ? Oh ! là ! là ! Sa femme chez Meneaux ? Oh ! le pauvre !

FRANÇOIS
Tu comprends maintenant pourquoi je veux cette adresse.

CHEVAL
(Off.)
Si je comprends ! Je l'ai vu à l'œuvre, le Meneaux, dès qu'il y a un jupon à l'horizon, il devient fou ! Ah ! le cochon ! Ah ! le cochon ! Ah ! le cochon !

PIERRE
(Crispé.)
Bon, ça suffit, maintenant !

CHEVAL
(Off.)
Et je le connais, le cornard ?

FRANÇOIS
Non, je ne crois pas.
> *Il pose sa main sur le récepteur et se tourne vers Pierre.*

Vous n'avez pas été contrôlé ?

PIERRE
(Sèchement.)
Non.

FRANÇOIS
(Au téléphone.)
Non, tu ne le connais pas. C'est quoi, l'adresse ?

CHEVAL
(Off.)
Je ne peux pas te répondre maintenant, je ne la connais pas par cœur, elle est au ministère dans le dossier, je te dirai ça demain matin.

PIERRE
(Tendu.)
Je ne vais pas attendre demain matin !

ACTE I

FRANÇOIS
(Au téléphone.)
Lucien, il y a urgence, je te le demande comme un service personnel, est-ce que tu peux faire un saut au ministère tout de suite ?

CHEVAL
(Off.)
Tout de suite ? Ça va pas, non ? et le match !

FRANÇOIS
Enregistre-le, on regardera la deuxième mi-temps ensemble.

CHEVAL
(Off.)
Je peux pas, Charlotte m'a demandé d'enregistrer Jean-Pierre Foucault, elle est allée dîner chez sa mère.

PIERRE
(A François.)
On va le lui enregistrer !

FRANÇOIS
(Au téléphone.)
On va te l'enregistrer, Lucien, je t'en prie, fonce au ministère, fais ça pour moi.

LE DÎNER DE CONS

CHEVAL
(Off, hésitant.)
T'es chiant, tu sais ! J'ai même pas dîné, moi !

PIERRE
(A François.)
Il mangera un morceau ici !

FRANÇOIS
(Au téléphone.)
Mon ami t'invite à dîner, il habite 47, rue de l'Université, c'est à cinq minutes du ministère.

CHEVAL
(Off.)
Mais je ne le connais pas, moi, ton cornard !

FRANÇOIS
Il est très sympathique, tu verras.

CHEVAL
(Off, faiblissant.)
T'es chiant, tu sais...

FRANÇOIS
(Grave.)
J'ai dit : « Allez les Verts », Lucien, j'ai dit : « Allez les Verts. »

ACTE I

CHEVAL
(Off.)
47, rue de l'Université ?

FRANÇOIS
Troisième gauche.

CHEVAL
(Off.)
A tout de suite. *(Il raccroche.)*

FRANÇOIS
(Il raccroche, épuisé, mais heureux.)
On a gagné, monsieur Cornard !... *(Il se reprend.)* ... monsieur Brochant, je veux dire... Ça n'a pas été facile, mais on a gagné !

PIERRE
Il faut enregistrer le match de ce demeuré, maintenant.

Il se dirige vers l'escalier.

FRANÇOIS
Ce n'est pas un demeuré du tout, Cheval, c'est un des meilleurs contrôleurs de la boîte, il est très drôle dans la vie, mais dans le boulot, attention ! *(Il montre le*

décor d'un geste circulaire.) Vous le lâchez dans un appartement comme ça, croyez-moi, il fait du dégât !

Pierre, cueilli dans le dos, se tourne vers François, sourcils froncés.

PIERRE
Qu'est-ce que vous voulez dire par là ?

FRANÇOIS
(Il regarde de nouveau le décor, mais cette fois avec une lueur d'inquiétude dans l'œil.)
Vous me dites que vous n'avez jamais été contrôlé ?

PIERRE
Non, mais je n'ai rien à me reprocher.

FRANÇOIS
Personne n'a rien à se reprocher, Pierre, mais ça y va, les pénalités !

LEBLANC
A la réflexion, je ne suis pas sûr que ce soit très prudent d'inviter un contrôleur fiscal chez soi.

FRANÇOIS
Surtout Cheval.

ACTE I

PIERRE
(Il s'énerve.)
Mais ce n'est pas moi qui l'ai invité !

FRANÇOIS
Ah ! si, je vous demande pardon, vous avez dit : « Il mangera un morceau ici », moi j'ai transmis, c'est tout.

PIERRE
Enfin, je suis censé être un de vos amis, il ne va pas faire des heures supplémentaires chez moi, tout de même !

FRANÇOIS
Vous ne connaissez pas Cheval, il contrôlerait sa mère.

PIERRE
Moi, je ne veux pas voir ce type, vous l'attendrez sur le palier et vous prendrez l'adresse de Meneaux !

FRANÇOIS
Il trouvera ça louche.

PIERRE
Mais je m'en fous !

FRANÇOIS
coutez, si vous n'avez rien à vous reprocher, si tous ces tableaux, tous ces bibelots sont clairs, il n'y aura

pas de problème... Qu'est-ce qu'on lui donne à manger ?

PIERRE
(Soucieux.)

Comment ?

FRANÇOIS

Vous l'avez invité à dîner, qu'est-ce qu'on va lui servir ? C'est qu'il a un bon coup de fourchette, le Cheval !

PIERRE
(Ailleurs.)

Il y a des surgelés dans le frigidaire... Et des œufs, je crois...

FRANÇOIS

Je m'en occupe.
Il part vers la cuisine et s'arrête sur le seuil.
Vous verrez, à part ça, il est très drôle, il connaît plein d'histoires marseillaises... et il imite très bien l'accent pied-noir, aussi. *(Il essaie.)* Poh, poh, poh, comment tu vas, mon frère !... J'y arrive pas bien, moi, mais lui, il est irrésistible, il me fait mourir de rire !

Il sort. Pierre regarde autour de lui, l'air inquiet, et prend une statuette en bronze pour

ACTE I

aller la cacher. Leblanc l'aide, puis montre un Modigliani accroché au mur.

LEBLANC
C'est un faux, celui-là ?

PIERRE
Devine ?

Il va décrocher le tableau du mur et grimace de douleur.

Aïe !

LEBLANC
(Venant l'aider.)
Attention à ton dos.

PIERRE
(Dans un accès de colère.)
J'en ai marre, mais marre !

Ils traversent la pièce, portant ensemble le tableau et s'arrêtent pour souffler un petit instant.

LEBLANC
Où on met tout ça ?

LE DÎNER DE CONS

PIERRE
Dans ma chambre. On va tout mettre dans ma chambre.

Leblanc se met à rire.

Sois gentil, Juste, c'est assez dur comme ça... Arrête de rigoler comme un abruti !...

LEBLANC
(Hilare.)
Un con, qui en moins d'une heure amène ta femme à l'adultère et toi au contrôle fiscal, c'est tout de même prodigieux, non !

> *Ils repartent, portant le tableau vers la chambre, Leblanc riant toujours, tandis que le rideau tombe.*

ACTE II

Même décor, mais en beaucoup plus sobre. Tout ce qui avait de la valeur dans la pièce a été escamoté. Ne restent plus que quelques meubles indispensables, dans le grand living-room, qui paraît maintenant bien austère.
Une petite table de bridge a été dressée au milieu de la pièce pour le dîner de Cheval. Leblanc, seul en scène, achève de mettre le couvert. Pierre apparaît à la porte de la cuisine. Il marche un peu plus facilement et tient à la main une carafe de vin et un verre.
Leblanc se met à renifler, l'œil fixé sur la carafe.

LEBLANC
Qu'est-ce que c'est que ce vin ?

PIERRE
Lafite-rothschild 78.

LE DÎNER DE CONS

LEBLANC
Tu ne vas pas lui donner un vin dont on sent à dix mètres qu'il est hors de prix !

PIERRE
Je suis désolé, c'est tout ce que j'ai.

FRANÇOIS
(Hurlant, off.)
Peno ! Peno ! Il y a peno, là !...

PIERRE
(Il crie.)
Assez ! Crétin !

LEBLANC
(Pour le calmer.)
Auxerre a dû marquer.

PIERRE
Je m'en fous !

LEBLANC
(Il lui prend la carafe et le verre des mains.)
Détends-toi, il faut régler ce problème. *(Il goûte le vin.)* Oh, nom de Dieu !

ACTE II

PIERRE

Eh bien, oui, il est bon !

LEBLANC

T'as pas un petit vin ordinaire ?

PIERRE

(Il s'énerve.)

Non, je n'ai pas de petit vin ordinaire ! J'ai travaillé toute une vie, je me suis battu comme un chien pour ne pas avoir de petit vin ordinaire ! J'ai du grand vin dans ma cave, et si Cheval a soif, il boira de l'eau !

FRANÇOIS

(Toujours off.)

A droite ! A droite ! Y a personne à droite !

PIERRE

Je vais lui foutre mon poing sur la gueule !

LEBLANC

Non, Pierre, tu as besoin de lui, il faut que tu te calmes maintenant.

FRANÇOIS

(Il sort de la cuisine, ravi.)

Ils ont failli égaliser !

LE DÎNER DE CONS

PIERRE

On n'en a rien à...

LEBLANC
(Il le coupe.)
Pierre !... *(A François.)* Il s'y connaît en vin, Cheval ?

FRANÇOIS

Cheval, en vin ? Ah oui, il s'y connaît !... J'ai vu que vous aviez ouvert une bonne bouteille, il va sûrement apprécier.

LEBLANC

Tu entends, Pierre ? Il y a un vrai problème, là.

PIERRE

Je m'en vais te le régler, moi, le problème, tu vas voir !

Il disparaît dans la cuisine, François se tourne vers Leblanc.

FRANÇOIS

Quel problème ?

LEBLANC

Le vin.

FRANÇOIS
(Se penchant sur la carafe.)
Il a du nez...

ACTE II

PIERRE

(Revenant avec une bouteille de vinaigre.)
Tu veux un petit vin ordinaire ? Tu vas l'avoir ton petit vin ordinaire.

Il verse du vinaigre dans la carafe de vin.

LEBLANC

Qu'est-ce que tu fais ?

PIERRE

Je fous du vinaigre dans mon château-lafite. C'est un truc que je te donne si tu as des amis qui veulent transformer un très grand vin en piquette. *(Il secoue le mélange.)* Et voilà ! Le gros lafite qui tache ! *(Il verse un verre du mélange et le tend à Leblanc.)* Goûte !

LEBLANC

Non, non. Goûte toi-même.

Pierre tend le verre à François.

FRANÇOIS

Non merci.

Pierre goûte le mélange.

LEBLANC

Alors ?

LE DÎNER DE CONS

PIERRE

C'est bizarre... *(Il goûte de nouveau.)* Ça lui donne du corps, je trouve...

LEBLANC

(Il lui prend le verre et goûte à son tour.)
Merde alors !

PIERRE

Il est pas plus mauvais, hein ? Il serait même plutôt meilleur, je trouve.

LEBLANC

Nettement.

FRANÇOIS

Faites voir... *(Il goûte.)* Ah ! oui. C'est bon à savoir, ça.

PIERRE

(Il verse une double dose de vinaigre dans la carafe.)
Ça devrait aller, là !

> Il sert François, qui boit et s'étrangle, prêt à vomir. Leblanc le conduit au cabinet de toilette.

Parfait !

LEBLANC

(A François qui a disparu dans le cabinet de toilette.)
Ça va ?

ACTE II

François ressort du cabinet de toilette, apparemment en forme.

FRANÇOIS

Ça va.

On sonne à la porte.

LEBLANC
(Tendu, à François.)

Le voilà !

François réapparaît.

FRANÇOIS
(D'une voix rauque.)

J'y vais !

Il se précipite, encore suffocant, vers la porte, et ouvre à Cheval, un petit homme à la fois jovial et inquiétant qui porte un attaché-case.

LEBLANC ET PIERRE

Bonsoir.

CHEVAL

Bonsoir.

LE DÎNER DE CONS

FRANÇOIS
(Présente.)
Lucien Cheval... Pierre Brochant, Juste Leblanc.

PIERRE
Monsieur Cheval, je vous remercie d'avoir pris la peine de...

CHEVAL
(Qui machinalement inspectait les lieux, le coupe.)
Ne me dites rien !

FRANÇOIS
Comment ?

CHEVAL
Pour le match, ne me dites rien !

FRANÇOIS
Non, non, Auxerre a égalisé, mais à part ça, je ne te dis rien.

CHEVAL
(D'une voix blanche.)
Auxerre a égalisé ?

FRANÇOIS
(Ravi.)
Mais non, je te fais marcher !

ACTE II

CHEVAL
(Il s'éclaire.)
Oh ! le con ! Oh ! le con ! *(A Pierre et à Leblanc.)* Il est con, hein ?

PIERRE ET LEBLANC
(Ensemble.)
Oui.

FRANÇOIS
(Toujours enchanté de sa plaisanterie.)
La tronche ! La tronche quand j'ai dit qu'Auxerre avait égalisé !

CHEVAL
Regardez-le ! Il est content ! Ça va lui faire la soirée, ça !

PIERRE
(Tendu.)
Monsieur Cheval...

CHEVAL
Oui ?

PIERRE
Merci d'avoir pris la peine de vous déranger, vous avez l'adresse ?

LE DÎNER DE CONS

FRANÇOIS
(Il reprend son sérieux pour expliquer à Cheval.)
Monsieur Brochant est le monsieur dont je t'ai parlé au téléphone.

CHEVAL
Ah oui, le...

FRANÇOIS
(Il le coupe.)
C'est ça, oui.

PIERRE
Excusez-moi d'être un peu pressé, mais il y a urgence.

CHEVAL
(Il tape sur son porte-documents.)
Elle est là, l'adresse. *(A François.)* Je meurs de faim.

FRANÇOIS
Je t'ai fait une omelette aux herbes, assieds-toi.

> *Il disparaît dans la cuisine, Cheval va s'asseoir à table.*

CHEVAL
Je suis le seul à manger ?

ACTE II

PIERRE

Oui, on a dîné... *(Dissimulant mal son impatience.)* Alors, où elle est, cette garçonnière ?

CHEVAL

Voilà, voilà. *(Il ouvre son porte-documents.)* Je me souviens, j'ai contrôlé un Brochant, il y a trois ans, Michel Brochant, c'est un parent à vous ?

PIERRE

Michel Brochant ? Ce n'est pas impossible, où habite-t-il ?

CHEVAL

En prison, il en a pris pour cinq ans. Il était sympathique. *(Il regarde autour de lui.)* Il avait un grand bel appartement comme le vôtre *(Il pousse un soupir.)* qui a été mis en liquidation judiciaire. *(Il sort un épais dossier de son porte-documents.)* Ah, voilà le séducteur ! *(Il ouvre le dossier.)* Pour retrouver son baisodrome, ça va être coton, parce qu'il a beaucoup d'immobilier, monsieur Meneaux, ça rapporte, la publicité ! *(Il lève les yeux vers Pierre.)* Et vous faites dans quoi, monsieur Brochant ?

PIERRE

L'édition.

LE DÎNER DE CONS

CHEVAL
(Il revient au dossier.)
Eh bien, où ils sont, ces appartements !... Je sais que j'ai la liste quelque part... Ah, on y est ! « Foncier de Pascal Meneaux » ! Voyons maintenant où est le nid d'amour... Rue Saint-James ? Non, ça c'est la résidence principale, là où il habite avec madame Meneaux. Parce qu'il y a une madame Meneaux, il est marié, monsieur Meneaux, il gamahuche les femmes des autres, et il y a une madame Meneaux qui attend rue Saint-James et qui lui fait une part de plus sur sa déclaration... *(Il lève les yeux vers Pierre.)* Ça marche, l'édition ?

PIERRE
L'édition ?... Pas terrible, non.

LEBLANC
(Venant en renfort.)
Ce n'est plus ce que c'était, c'est sûr.

CHEVAL
(Il se verse un verre de vin.)
Je suis le seul à boire, aussi ?

PIERRE
Oui, on a déjà bu... C'est un petit vin de propriétaire, je l'ai à très bon prix.

ACTE II

CHEVAL

*(Il garde le verre en main, mais ne boit pas
et se replonge dans son dossier.)*
Rue Vieille-du-Temple... Non, ce n'est pas bon, c'est une location, ça, mais où elle est, cette garçonnière !
Il repose son verre et lève les yeux vers Pierre.
C'est pas vous qui avez publié *Les Moissons bleues* ?

PIERRE

(Brusquement inquiet.)
Les Moissons bleues... Euh, oui, peut-être...

CHEVAL

Comment ça, peut-être ? Vous ne savez pas ce que vous publiez ?

PIERRE

Vous savez, ça se mélange un peu, les titres, hein... Mais *Les Moissons bleues*, je crois que c'est moi, oui.

CHEVAL

C'est pas un best-seller, ça ?

PIERRE

Si... Enfin, oui et non, c'est un best-seller si on veut, mais...

LE DÎNER DE CONS

LEBLANC

C'est pas vraiment un best-seller, *Les Moissons bleues*.

PIERRE

Pas vraiment, non... C'est un charmant petit bouquin qui marchotte gentiment...

CHEVAL

Vous avez tiré à combien ?

PIERRE

Huit cent m... Je ne sais pas, je n'ai pas les chiffres. *(S'impatientant.)* On parlera d'édition après, monsieur Cheval, l'adresse, s'il vous plaît !

CHEVAL

Vous me dites que l'édition marche mal, et vous nous sortez le best-seller de l'année !

PIERRE

(Il craque.)

C'est pas un best-seller, bordel, personne ne l'a lu, ce putain de livre !

FRANÇOIS

(Il sort de la cuisine.)

Si, moi ! moi, je l'ai lu et je trouve ça très bien.

ACTE II

LEBLANC
(Essayant d'être drôle.)
Ah, c'était vous ? *(A Pierre.)* Je t'avais bien dit qu'il y avait un lecteur !

FRANÇOIS
Oh ! non, il y en a beaucoup, je le sais parce que quand je l'ai acheté, j'ai demandé au libraire : « Qu'est-ce qui se vend le mieux en ce moment ? »

PIERRE
(Le fusillant du regard.)
Si vous vous occupiez de votre omelette ?

FRANÇOIS
Elle est prête... Je vous assure, il faut pas vous faire de souci, il a bien marché, votre livre, monsieur Brochant. Au ministère, tout le monde l'a lu... Enfin, à la comptabilité, en tout cas.

Il disparaît dans la cuisine.

LEBLANC
Oui, bon, mettons que c'est un bouquin qui plaît aux comptables, ça ne va pas chercher bien loin.

PIERRE
Non, ce n'est pas grand-chose, effectivement.

LE DÎNER DE CONS

FRANÇOIS

(Il revient avec une omelette aux herbes.)
Là encore, je ne suis pas d'accord, si vous comptez les comptables agréés, les comptables certifiés, les experts-comptables...

PIERRE

(Il le coupe, à bout.)
On ne va pas compter les comptables, maintenant ! Je ne sais pas où est ma femme, foutez-moi la paix avec les comptables !

FRANÇOIS

Oui, excusez-moi. *(A Cheval.)* Dépêche-toi de trouver cette garçonnière, Lucien, tu vois bien que ce pauvre monsieur Brochant est sur des charbons ardents.

François repart dans la cuisine. Cheval sourit fielleusement à Pierre.

CHEVAL

Heureusement qu'il a un best-seller pour lui remonter le moral... *(Il se replonge dans le dossier.)* Rue Vernet, c'est loué aussi, ça... elle est bien modeste, la location, d'ailleurs, il y aurait de l'arrangement à l'amiable que ça ne m'étonnerait pas...

François ressort de la cuisine, apportant un poivrier.

ACTE II

FRANÇOIS
(A Pierre.)
Il y a un autre de vos bouquins qui a bien marché, c'est *Flash-back*, tout le monde l'a lu, au ministère.

CHEVAL
(Intéressé.)
Flash-back ? C'est à vous aussi, ça ?

PIERRE
(D'une voix blanche.)
Le temps presse, monsieur Cheval, vous ne pourriez pas aller un peu plus vite ?

CHEVAL
Excusez-moi, on ne peut pas aller plus vite que la musique. *(Il repose son verre, sans boire, et feuillette le dossier.)* Là, ce sont des bureaux, ça ne nous intéresse pas... *(A Pierre.)* *Flash-back* ! Encore un jackpot, ça !... *(Reprenant le dossier.)* Bureaux... Bureaux... *(Il mange un morceau d'omelette.)* Elle est délicieuse, ton omelette, François.

FRANÇOIS
Merci, Lucien.

CHEVAL
Une merveille, François.

LE DÎNER DE CONS

FRANÇOIS

Une bonne omelette, quand c'est bon, c'est vraiment bon. Moi, mon truc, c'est de rajouter une goutte de bière quand j'ai battu les œufs, ça la...

Pierre a un claquement de langue exaspéré.

CHEVAL
(Il se replonge dans le dossier.)

Bureaux... bureaux... bureaux... *(Il lève les yeux vers Pierre.)* Vous avez été saisi, récemment ?

PIERRE
(Surpris.)

Non, pourquoi ?

CHEVAL

Parce qu'il y a des marques plus claires sur les murs, comme si on avait retiré des tableaux.

FRANÇOIS
(Sincèrement admiratif.)

Il voit tout ! Il est formidable, non ? Il voit tout ! Tu es formidable, Lucien !

Foudroyé du regard par Pierre, il s'arrête.

CHEVAL
(Modeste.)

Merci, François.

ACTE II

PIERRE
(De plus en plus tendu.)
Vous êtes en train de me contrôler ou de m'aider, monsieur Cheval ?

CHEVAL
Si j'étais en train de vous contrôler, monsieur Brochant, vous ne me poseriez pas la question, vous le sentiriez passer, croyez-moi. *(Il se replonge dans le dossier.)* Ah ! voilà, boulevard Maurice-Barrès, je savais que c'était près du Bois, on le tient, messieurs, on le tient, l'obsédé ! On le tient, le pervers ! On le tient, le phallique !

PIERRE
Quel numéro ?

CHEVAL
37 bis, boulevard Maurice-Barrès, à Neuilly.

PIERRE
(Il se lève difficilement.)
J'y vais.

LEBLANC
Mais non, attends, il faut d'abord être sûr qu'elle est chez lui !

Pierre s'immobilise.

LE DÎNER DE CONS

Tu ne vas pas débarquer en pleine nuit chez ce type sans savoir si ta femme est là-bas !

CHEVAL
Il ne vous ouvrira pas, d'abord, il est très méfiant, le Meneaux !

PIERRE
J'enfoncerai la porte.

LEBLANC
C'est pas si simple que ça, d'enfoncer une porte.

FRANÇOIS
Surtout si elle est blindée.

LEBLANC
Et puis même si tu y arrives, tu casses la porte et Christine n'est pas là, qu'est-ce que tu fais ?

Pierre paraît perplexe. François propose.

FRANÇOIS
Et si on lui téléphonait ?

PIERRE
Pour lui demander quoi ? Si ma femme est dans son lit ? Il va sûrement me répondre : « Mais bien sûr, elle est là, bien au chaud, sous la couette !... »

ACTE II

CHEVAL
(Amusé.)

Sous la couette !... *(De nouveau sérieux.)* Ça m'étonnerait : c'est un sacré menteur, le Meneaux, ça fait quinze jours que je suis sur un voyage qu'il a fait au Kenya avec une donzelle, il prétend que c'était un voyage d'affaires, mais moi, je lui ai dit : « On ne fait pas un voyage d'affaires au Kenya avec une strip-teaseuse du *Crazy Horse Saloon* », et vous savez ce qu'il me répond ?...

PIERRE
(Il le coupe, agacé.)

Soyez gentil, monsieur Cheval, on essaie de trouver une stratégie, laissez-nous réfléchir !

CHEVAL
(Vexé.)

Je vous définissais le bonhomme, je pensais que ça pouvait aider.

PIERRE

Non !

FRANÇOIS
(Tout excité.)

Il est parti au Kenya avec une strip-teaseuse du *Crazy Horse* ?

LE DÎNER DE CONS

CHEVAL
Vingt et un ans. Lolita Strüdhelpaf.
Il commence à mimer un strip-tease.

PIERRE
(Il s'énerve.)
C'est fini, oui !

LEBLANC
Ne t'énerve pas, Pierre.

CHEVAL
(Il passe son doigt sur un guéridon pour se venger.)
Il y avait un bibelot, là, on voit ça à la poussière autour.

LEBLANC
Monsieur Cheval, s'il vous plaît !

PIERRE
Qu'il s'en aille, maintenant, on a l'adresse, qu'il s'en aille !

LEBLANC
Soyez gentil, monsieur Cheval, arrêtez de le harceler !

CHEVAL
Je ne harcèle personne, je constate certains détails troublants, c'est tout.

ACTE II

FRANÇOIS
(Admiratif.)
Je vous l'avais dit, c'est un formidable professionnel.

CHEVAL
Tu vas me faire rougir, François.

FRANÇOIS
Ne sois pas modeste, Lucien, tu en as coincé d'autres, des fraudeurs !

PIERRE
(A Leblanc.)
Qu'ils s'en aillent, tous les deux.

CHEVAL
(A François.)
Tu te souviens de l'affaire Forestier ? Il disait : « J'ai le bras long, j'ai le bras long... »

LEBLANC
(A Cheval et François.)
On se tait maintenant, s'il vous plaît ! *(A Pierre.)* Je crois que j'ai une idée... Pierre, tu m'entends, je crois que j'ai une idée.

PIERRE
Vas-y.

LE DÎNER DE CONS

LEBLANC
Il faut lui faire peur... A Meneaux, il faut lui faire peur, pour l'obliger à se démasquer.

PIERRE
Comment ça ?

LEBLANC
On l'appelle et on lui dit que tu es au courant, que tu sais que ta femme est chez lui et que tu arrives avec l'intention de tout casser. On peut même lui dire que tu n'es pas seul, que tu viens avec trois de tes ouvriers et qu'ils ont des barres de fer.

PIERRE
(Reprenant espoir.)
C'est pas mal, ça.

CHEVAL
Ce sont des ouvriers imprimeurs ? Vous avez une imprimerie en plus ? Mais c'est une grosse entreprise, dites-moi !

LEBLANC
Monsieur Cheval ! *(A Pierre.)* Ou ta femme est chez lui et il la vire parce qu'il panique, ou elle n'est pas là, et on s'en rend compte tout de suite.

ACTE II

FRANÇOIS
Oui, c'est très bien, ça, c'est une très bonne tactique.

PIERRE
(A Leblanc.)
Ça veut dire quoi, on l'appelle ? Qui l'appelle ? Ça ne peut pas être moi, si elle est avec lui, elle reconnaîtra ma voix !

LEBLANC
(Soucieux.)
Oui... Même chose pour moi, elle me reconnaîtra aussi.

CHEVAL
Ça ne peut pas être moi non plus, je passe mes journées avec lui en ce moment.

> *Tout le monde se tourne vers François qui sourit.*

FRANÇOIS
Je sens qu'on va avoir besoin de moi.

PIERRE
(Horrifié.)
Oh ! non.

LE DÎNER DE CONS

LEBLANC
C'est le seul qui puisse le faire, Pierre.

PIERRE
Oh ! non.

FRANÇOIS
Je suis prêt.

PIERRE
Oh ! non.

LEBLANC
Mais si, on va bien lui expliquer ce qu'il doit faire et il n'y aura pas de problème.

PIERRE
Tu vas voir s'il n'y aura pas de problème !

FRANÇOIS
(Vexé.)
Moi, je veux bien vous aider, mais si vous ne voulez pas, tant pis, hein... Je ne vais pas me battre.

LEBLANC
Si, si, ne bougez pas ! *(A Pierre.)* On appelle de la part de qui ?

ACTE II

PIERRE

Comment ?

LEBLANC

Il faut appeler de la part d'un ami à lui, quelqu'un susceptible d'avoir le numéro de cette garçonnière, sinon ça paraîtra louche.

CHEVAL

Vous pouvez l'appeler de la part de Jean-Paul Roussin, son associé, ils passent leur vie ensemble.

LEBLANC

Eh bien, voilà, on appelle de la part de Roussin.

PIERRE

Pourquoi il appelle pas lui-même ?

LEBLANC

Hein ?

PIERRE

Pourquoi Roussin fait-il appeler par quelqu'un d'autre ? Meneaux va trouver ça bizarre.

CHEVAL

Il ne peut pas appeler, Roussin, il est dans l'avion, il

partait pour Los Angeles ce soir, c'est Meneaux qui me l'a dit.

LEBLANC
Mais ça tombe très bien, tout ça, on appelle de la part de Roussin qui n'a pas pu joindre Meneaux avant de prendre l'avion !

FRANÇOIS
Eh ben voilà, impeccable !

LEBLANC
Vous avez bien compris la stratégie ?

FRANÇOIS
Elle est très claire, oui.

LEBLANC
Eh bien, allons-y !

PIERRE
(S'interposant.)
Hop, hop, hop !... Il faut le faire répéter !

LEBLANC
Mais non, il a...

PIERRE
(Impérieux.)
Non ! Je sais ce que je dis : il faut le faire répéter !...

ACTE II

Beaucoup ! *(Il se tourne vers François.)* Monsieur Pignon, répétez après moi : « Allô, je vous appelle de la part de Jean-Paul Roussin, il a tenté de vous joindre avant de prendre l'avion, il avait un message urgent pour vous. »

FRANÇOIS

D'accord.

PIERRE

Non ! Répétez !... Je suis Pascal Meneaux, vous me téléphonez. Répétez ce que je viens de vous dire.

FRANÇOIS

Non, ça va, j'ai compris.

PIERRE
(Tendu.)
S'il vous plaît, monsieur Pignon, répétez précisément : « Allô ? »

FRANÇOIS
(A contrecœur.)
Allô. Je vous appelle de la part de Jean-Paul Roussin.

LEBLANC
Très bien.

LE DÎNER DE CONS

FRANÇOIS
Il a tenté de vous joindre avant de prendre l'avion. Il avait un message urgent pour vous.

LEBLANC
Mais c'est parfait, ça ! *(A Pierre.)* C'est parfait, non ?

PIERRE
(Prudent.)
Attendons la suite. *(A François.)* Et vous ajoutez : « Brochant est au courant. »

FRANÇOIS
D'accord.

PIERRE
Non, répétez !

CHEVAL
Ça va, il a compris, il n'est pas con, tout de même !

Pierre et Leblanc échangent un regard.

PIERRE
Non, mais... Il faut le faire répéter beaucoup, beaucoup, beaucoup. Allons-y, monsieur Pignon : « Brochant est au courant. »

ACTE II

FRANÇOIS
Brochant est au courant.

PIERRE
Meneaux répond : « Quoi ? » et vous dites : « Pierre Brochant est au courant pour sa femme et il arrive chez vous. » Et Meneaux demande : « Qui est à l'appareil ? » et vous répondez : « Vous ne me connaissez pas, je suis un ami de Roussin, il m'a chargé de vous dire que Brochant arrivait et qu'il n'était pas seul... »

FRANÇOIS
(Enchaînant.)
« ... trois de ses ouvriers armés de barres de fer avec lui et ils sont prêts à tout casser. »

LEBLANC
Bravo !

CHEVAL
Il se débrouille bien, hein ?

FRANÇOIS
C'est juste un travail de perroquet.

PIERRE
Mais ça peut pas être mieux !

LE DÎNER DE CONS

FRANÇOIS
Je pourrais peut-être improviser un peu...

PIERRE
(Il crie.)
Non !

FRANÇOIS
Ne criez pas comme ça, vous m'avez fait peur !

PIERRE
Vous répétez ce que je viens de vous dire au rasoir, d'accord ?

FRANÇOIS
(Un peu maussade.)
D'accord.

LEBLANC
(A Pierre.)
On essaie ?

PIERRE
(Il regarde François, torturé.)
Je ne sais pas... J'ai peur.

ACTE II

CHEVAL
De quoi ? La stratégie est excellente, on intimide le bonhomme et il craque !

PIERRE
Ce n'est pas la stratégie qui me fait peur.

FRANÇOIS
Vous voulez que je répète encore un coup ?

CHEVAL
(Rigolard.)
A propos de répéter, tu connais celle du perroquet qui répète tout le temps : « Attention à la marche ! Attention à la marche ! » ?

FRANÇOIS
(Déjà hilare.)
Non.

CHEVAL
Et tout le monde se casse la gueule parce qu'il n'y a pas de marche !

Ils s'étranglent de rire tous les deux.

FRANÇOIS
Il me fait mourir, lui !... Eh ! Eh ! Fais-leur l'accent pied-noir !... Mais si... Poh poh poh !...

LE DÎNER DE CONS

PIERRE
(A Leblanc.)
Tu vois où on s'embarque !

LEBLANC
Il n'y a pas d'autre solution, Pierre. *(A François.)* Allons-y, monsieur Pignon.

FRANÇOIS
Allons-y, Alonzo ! *(A Cheval.)* C'est quoi, le numéro ?

CHEVAL
(Il regarde dans le dossier.)
47.47.59.63

FRANÇOIS
C'est parti !
Il prend le téléphone et se met à composer le numéro.

PIERRE
(Angoissé.)
Il ne va pas y arriver.

CHEVAL
Mais si, il est très précis, Pignon, c'est le comptable le plus précis du ministère.

ACTE II

FRANÇOIS

Merci Lucien. *(A Pierre.)* Ça sonne.

PIERRE

Mettez le haut-parleur.

> *François obéit, la sonnerie résonne dans le haut-parleur, puis la voix de Meneaux.*

MENEAUX
(Off.)

Allô ?

FRANÇOIS
(Au téléphone.)

Pascal Meneaux ?

MENEAUX
(Off.)

Oui ?

CHEVAL
(Ravi.)

C'est formidable, on se croirait au cinéma.

PIERRE
(Tendu.)

Chut !

LE DÎNER DE CONS

FRANÇOIS
(Au téléphone.)

Pardon de vous déranger, je vous appelle de la part de Jean-Paul Roussin.

MENEAUX
(Off.)

Oui ?

FRANÇOIS

Il a tenté de vous joindre avant de prendre l'avion, il avait un message urgent pour vous.

> *Pierre et Leblanc lèvent le pouce pour féliciter François.*

MENEAUX
(Off.)

Je vous écoute.

FRANÇOIS
(Au téléphone.)

Brochant est au courant.

MENEAUX
(Off.)

Quoi ?

ACTE II

FRANÇOIS
Pierre Brochant, il est au courant pour sa femme, et il arrive chez vous pour tout casser !

CHEVAL
(Admiratif.)
Bravo, François !

François fait un geste modeste de la main.

MENEAUX
(Off.)
Qui est à l'appareil ?

FRANÇOIS
(Au téléphone.)
Vous ne me connaissez pas, je suis un ami de Roussin et il m'a chargé de vous dire que Brochant arrivait et qu'il n'était pas seul, il a quatre de ses ouvriers avec lui et ils sont armés de barres de fer.

PIERRE
Pourquoi quatre ?

LEBLANC
C'est pareil.

MENEAUX
(Off.)
Mais il est malade, ce type, je ne suis pas avec sa femme.

Leblanc fait avec les deux mains le V de la victoire.

FRANÇOIS
(Au téléphone.)
Vous n'êtes pas avec madame Brochant ?

MENEAUX
(Off.)
Mais non, elle s'est décommandée !

FRANÇOIS
Ce n'est pas ce que Roussin m'a dit, il m'a dit : « Il est avec madame Brochant. »

MENEAUX
(Off, exaspéré.)
Mais pas du tout, je suis avec la femme de mon contrôleur fiscal !

FRANÇOIS
Comment ?

Cheval, qui était en train de manger un morceau d'omelette, l'air réjoui, se fige.

MENEAUX
(Off.)
Un connard qui me persécute depuis trois semaines !

ACTE II

Je suis en train de sauter sa femme, je ne suis pas du tout avec madame Brochant !

> *François coupe la communication. Il y a un silence embarrassé dans la pièce, puis Cheval se dégèle, il avale sa bouchée d'omelette et demande d'une voix plate.*

CHEVAL
Est-ce que je peux utiliser votre téléphone, s'il vous plaît ?

PIERRE
Mais je vous en prie.

CHEVAL
(Il prend l'appareil et se met à composer un numéro, parlant de la même voix plate.)
Elle faisait des courses du côté des Champs-Elysées, cet après-midi, et je lui ai dit : « Charlotte, ça t'ennuie de porter ce formulaire au bureau de monsieur Meneaux ? » Et hop ! *(Il fait avec la main le geste du prédateur qui attrape une proie.)* Il a refermé ses mâchoires sur elle, le prédateur ! *(Au téléphone.)* Bonsoir, monsieur Meneaux, voulez-vous être assez aimable pour me passer madame Cheval, je vous prie... Vous m'avez parfaitement reconnu, monsieur Meneaux, je vous vois demain matin à neuf heures,

comme d'habitude, et on reprend tout depuis le début, et maintenant, passez-moi ma femme, s'il vous plaît... Charlotte ?... Non, ne m'explique rien, je veux que tu quittes cet endroit immédiatement, tu m'entends, à la seconde ! Comment ?... Rhabille-toi, bien sûr, ça va de soi, mais rentre à la maison tout de suite !... Charlotte, je ne suis pas seul, je ne peux pas te parler maintenant, on causera à la maison... Charlotte ?... Je t'avais enregistré Jean-Pierre Foucault.

Il raccroche. Les autres l'observent en silence. Il prend son verre de vin, le vide, s'étrangle et recrache tout sur le tapis, puis, tristement.

Qu'est-ce que c'est que ce vin ?

PIERRE
(Faux.)
Vous le trouvez piquant, vous aussi ?

CHEVAL
J'ai envie de vomir, où sont les toilettes ?

FRANÇOIS
Viens avec moi, Lucien.

Il emmène Cheval vers les toilettes, mais il se trompe de porte et ouvre celle de la cham

ACTE II

bre de Pierre. Plusieurs tableaux, entassés derrière la porte, s'écroulent aux pieds de Cheval.

PIERRE
(Las.)
C'était la porte à côté, Pignon.

CHEVAL
(Plat.)
Elle est intéressante, cette chambre.

PIERRE
Oui, je m'en sers un peu comme d'une remise, j'y entasse des vieilles choses sans valeur...

CHEVAL
(Tragique.)
Je m'en fous, François, c'est affreux, je m'en fous !

FRANÇOIS
De quoi ?

CHEVAL
Ça sent la fraude fiscale à plein nez et je m'en fous !

FRANÇOIS
Reprends-toi, Lucien, rentre chez toi, ça ira mieux

demain. Il va donner plein de pénalités, demain...
Voilà... il n'oublie pas son porte-documents.

Il l'emmène vers la porte d'entrée.

Cheval ramasse son porte-documents comme un somnambule.

Il veut que je lui donne l'enregistrement du match ? Il doit être fini, maintenant.

CHEVAL

Non merci, François, il n'a plus vraiment la tête au foot, ce soir.

Il s'arrête sur le pas de la porte.

Au revoir, monsieur Brochant, au revoir, monsieur Leblanc.

PIERRE et LEBLANC

Au revoir, monsieur Cheval.

Cheval sort. Pierre et Leblanc se mettent à rire.

LEBLANC

Oh, nom de Dieu !...

FRANÇOIS

Ce n'est pas drôle, il en a pris un coup, pauvre Lucien.

ACTE II

PIERRE

Pauvre Lucien ? C'est bien fait pour lui, oui ! Il nous a assez emmerdés comme ça !

Il ne s'aperçoit pas que Cheval a réapparu sur le pas de la porte.

Le cornard, le cornard, c'est lui, le cornard... Les cocus, au balcon ! Les cocus, au balcon !...

Leblanc entonne avec lui.

PIERRE ET LEBLANC

Les cocus, au balcon ! Les cocus, au balcon !

CHEVAL
(Les interrompant.)

Je suis désolé de vous interrompre, mais il y a une dame sur le paillasson.

LEBLANC

Quoi ?

CHEVAL

Sur le paillasson, une dame, elle a l'air en mauvais état.

Cheval reste en scène.
Leblanc et Pignon se précipitent et ramènent Marlène qui paraît effectivement assez mal en point.

LE DÎNER DE CONS

PIERRE
Marlène !...

MARLÈNE
Les hommes sont vraiment ignobles... ignobles... Où sont passés tes meubles, dis-moi ?

PIERRE
Ce n'est pas le problème.
Qu'est-ce qui t'est arrivé, encore !

MARLÈNE
C'est à cause de toi !... J'étais tellement bouleversée tout à l'heure que je n'ai pas pu rentrer chez moi, il fallait que je parle à quelqu'un !... Mais chez qui on peut aller comme ça, à dix heures du soir, sans prévenir ? Alors j'ai pensé à un garçon qui n'a pas bonne réputation, mais qui est assez disponible, un publicitaire que j'ai rencontré il y a quelques semaines et qui n'arrête pas de m'inviter à boire un verre chez lui...

PIERRE
Meneaux !

FRANÇOIS
Pascal Meneaux !

ACTE II

LEBLANC
37 bis, boulevard Maurice-Barrès !

CHEVAL
Numéro du dossier : 7295 CR 88.

MARLÈNE
(Surprise.)
Vous le connaissez ?

PIERRE
(Coup d'œil inquiet vers Cheval.)
Tu me raconteras tout ça un autre jour, Marlène...

MARLÈNE
Il m'avait dit : « Venez à n'importe quelle heure, vous serez toujours la bienvenue », je sonne à la porte, et sur qui je tombe ? Une petite bonne femme blonde, un peu vulgaire et complètement déchaînée, elle riait comme une hystérique et elle dansait sur ce qui m'a semblé être des formulaires d'impôts.

PIERRE
(Cherchant à l'arrêter.)
Marlène, tu me raconteras tout ça plus tard, je te dis !

CHEVAL

Non, non, c'est intéressant. *(A Marlène.)* Elle dansait sur des formulaires d'impôts ?

MARLÈNE

Oui, ils avaient tapissé la moquette du living avec des avis de recouvrement et ils les piétinaient en hurlant de rire, c'était vraiment malsain...

PIERRE

Marlène !

MARLÈNE

Je les ai laissés à leur jeu, et je me suis retrouvée sur le palier, plus seule que jamais. Je les entendais derrière la porte se rouler sur les formulaires, et il lui criait : « Fais le cheval, fais le cheval ! »

Leblanc se met à rire.
Pierre se tourne vers lui.

PIERRE

Juste !

Leblanc s'arrête.

MARLÈNE

Je suis allée dans un café, j'ai bu trois vodkas, et puis

ACTE II

je suis revenue ici et j'ai eu une faiblesse sur ton paillasson.

Elle se laisse tomber sur le canapé et regarde autour d'elle, surprise.

Où sont passés tes meubles, dis-moi ?

CHEVAL
(D'une voix blanche.)

Il criait : « Fais le cheval ! »

Pierre et Leblanc n'arrivent pas à se contrôler et se mettent à rire. Cheval se dirige vers la porte. Il jette à Pierre un regard meurtrier.

CHEVAL
(Sortant.)

Bonsoir, monsieur Brochant, 47, rue de l'Université, troisième gauche... On se reverra très bientôt...

Il sort. Pierre se tourne vers Marlène.

PIERRE

Bon, Marlène, tu vas rentrer à la maison maintenant. monsieur Pignon qui allait partir va te raccompagner jusqu'à ta voiture... Ça ne vous ennuie pas, François ?

FRANÇOIS

Mais pas du tout, au contraire.

LE DÎNER DE CONS

PIERRE
(A Marlène.)
Rentre chez toi, récupère, et je t'appelle demain.

MARLÈNE
Tu permets que je me repose un peu ? J'ai eu un choc, tu sais.

PIERRE
Marlène, excuse-moi, mais j'ai un vrai problème à régler et je ne peux pas m'occuper de toi en ce moment.

MARLÈNE
Moi aussi, j'ai un vrai problème, Pierre. Je t'aime.

LEBLANC
(Il se dirige vers la porte.)
Bon, eh bien, je vais vous laisser, moi.

PIERRE
Non, attends !

Leblanc s'arrête.

MARLÈNE
Je t'aime, Pierre, je t'aime depuis le jour où tu m'as fait venir dans ton bureau pour me parler de mon livre, et que tu m'as dit : « On serait mieux sur le divan. »

ACTE II

PIERRE
(Gêné.)

Marlène, je t'en prie...

LEBLANC
Au revoir, Pierre.

Il repart vers la porte.

PIERRE
Mais ne te sauve pas comme ça, enfin !

LEBLANC
(Sèchement.)

Si tu n'avais pas la mauvaise habitude de prendre non seulement les bouquins, mais aussi leurs auteurs, tu aurais beaucoup moins de problèmes. Je t'appelle si j'ai du nouveau.

Il sort. François va ramasser son porte-documents.

FRANÇOIS
Je me permettrai de vous téléphoner demain pour avoir de vos nouvelles. Bonsoir, Pierre.

Il s'éloigne à son tour vers la porte.

PIERRE
(Il le rappelle.)
Pignon ! *(Geste impératif signifiant « au pied ! ».)*

LE DÎNER DE CONS

MARLÈNE
Non, laisse-le partir, viens t'asseoir près de moi.

PIERRE
Marlène, si tu ne t'en vas pas immédiatement, je vais être obligé de te mettre dehors.

MARLÈNE
(Elle s'allonge sur le canapé.)
Vas-y.

PIERRE
(A François.)
Aidez-moi, je vous en prie, je ne peux rien faire avec mon tour de reins !

FRANÇOIS
Je ne peux pas la mettre dehors de force.

PIERRE
(Il s'énerve.)
Faites ce que vous voulez, mais qu'elle s'en aille, je ne veux plus la voir !

MARLÈNE
Méfie-toi, Pierre, si tu me traites avec cette méchanceté, tu vas me perdre moi aussi, comme tu l'as per-

ACTE II

due, elle. Et tu vas te retrouver tout seul. Les méchants finissent toujours seuls.

Le téléphone sonne. Pierre décroche.

PIERRE

Allô ?... C'est moi ! Oui... *(Brusquement inquiet.)* Oui, je suis le mari de Christine Brochant, pourquoi ? il lui est arrivé quelque chose ?... *(D'une voix blanche.)* Non... A quel hôpital est-elle ?... J'arrive !

Il raccroche et se tourne vers François, le visage défait.

C'était la police, elle a eu un accident de voiture, elle est à Bichat.

Il se dirige vers sa chambre.

FRANÇOIS

C'est grave ?

PIERRE

Non, d'après les flics, juste un traumatisme, mais elle va passer la nuit en observation. Je m'habille et j'y vais. *(Geste vers Marlène.)* Débarrassez-moi d'elle pour l'amour du ciel !

Il disparaît dans sa chambre. François, visiblement désemparé, se tourne vers Marlène.

LE DÎNER DE CONS

MARLÈNE

Ne vous inquiétez pas, je m'en vais.

Elle se lève, mais elle est obligée de se rasseoir.

Oh ! là ! là !...

FRANÇOIS

Ça ne va pas ?

MARLÈNE

Je n'ai pas l'habitude de boire et...

FRANÇOIS

Ce qu'il vous faut, c'est un café très fort.

Il se dirige vers le percolateur du bar.

MARLÈNE

Quel salaud, ce type !

FRANÇOIS

Ne dites pas ça, il traverse un moment difficile, et...

MARLÈNE

Je vais retourner en Inde, moi, je ne peux plus vivre ici, les gens sont trop moches... Vous ne voulez pas un chien, par hasard ?

ACTE II

FRANÇOIS

Un chien ? Non, pourquoi ?

MARLÈNE

Je ne peux pas les emmener là-bas, ils me les mangent.

FRANÇOIS

Non !

MARLÈNE

Si, il y a trois ans, je suis partie avec Mickey, un petit bâtard très intelligent, je l'aimais beaucoup...

FRANÇOIS

Ils l'ont mangé ?

MARLÈNE

Je crois bien, oui... j'ai retrouvé son collier plein de sauce au curry et...

FRANÇOIS
(Il lui apporte son café.)
Mais c'est épouvantable !

MARLÈNE
(Elle prend le café.)
Merci... Ils ont tellement faim, là-bas... *(Elle se met à pleurer.)* Comment j'ai pu tomber amoureuse d'un salaud pareil, moi !

LE DÎNER DE CONS

FRANÇOIS
(Touché.)
Ne pleurez pas, Marlène... Je vous en prie, ne pleurez pas...

MARLÈNE
(Elle se calme.)
Excusez-moi... Vous avez un Kleenex ?

FRANÇOIS
(Il sort un mouchoir de sa poche.)
Tenez, il est propre.

MARLÈNE
(Elle s'essuie les yeux et le regarde avec sympathie.)
Vous avez un bon karma, vous.

FRANÇOIS
Vous trouvez ?

MARLÈNE
Oui... Vous étiez sans doute un dauphin, dans une vie antérieure, ça se voit à vos yeux.

FRANÇOIS
J'aime bien les dauphins.

ACTE II

MARLÈNE
Moi aussi.

FRANÇOIS
J'aimais beaucoup le feuilleton « Flipper ».

MARLÈNE
Ah ! oui. C'était bien, « Flipper »... *(Elle boit son café.)* Bon... en route.

FRANÇOIS
Ça va mieux ?

MARLÈNE
Oui.

FRANÇOIS
Vous pouvez vous débrouiller toute seule ou vous voulez que je vous accompagne jusqu'au parking ?

MARLÈNE
Non, ne vous dérangez pas, c'est pas la peine.

FRANÇOIS
Mais si, c'est plus prudent. Je ne voudrais pas qu'il vous arrive du mal, vous avez déjà assez souffert comme ça.

LE DÎNER DE CONS

MARLÈNE
(Elle se remet à pleurer.)
Pourquoi vous êtes gentil comme ça, vous, et pourquoi il est si méchant ?

Elle se laisse aller dans ses bras, il lui tapote le dos, gêné.

FRANÇOIS
Allons, allons... Calmez-vous, Marlène... Je vous assure, c'est un type très bien.

MARLÈNE
(Elle s'écarte de lui et se dirige vers le bar.)
Moi aussi, j'ai cru ça. Où j'ai mis mon sac, moi ?... et pourtant, il y avait des choses que je n'aimais pas beaucoup... sa façon de se moquer de tout, de tourner tout en dérision...

FRANÇOIS
Il a de l'humour, moi je trouve ça bien.

MARLÈNE
(S'arrangeant devant la glace du bar.)
Il est drôle, mais c'est toujours méchant... comme ces dîners qu'il fait tous les mercredis avec ses amis... Tiens, s'il ne s'était pas fait son tour de reins ce soir,

ACTE II

il serait en train de se moquer d'un pauvre type en ce moment. Mais où j'ai mis mon sac ? Ah ! le voilà !

Elle ramasse son sac et sort son poudrier.

FRANÇOIS
(Il fronce les sourcils.)
Comment ça : il serait en train de se moquer d'un pauvre type ?

MARLÈNE
Il ne vous en a pas parlé ? Toutes les semaines, ils font ce qu'ils appellent un « dîner de cons », je trouve ça moche, moi.

FRANÇOIS
(D'une voix blanche.)
Un dîner de cons ?

MARLÈNE
(Inconsciente de son trouble.)
Ils invitent le type le plus con possible pour se payer sa tête toute la soirée...

François la regarde, pétrifié. Elle rajuste son maquillage.

La semaine dernière, il était fou de joie, il avait trouvé un collectionneur de bilboquets...

On entend la porte de la salle de bains s'ouvrir et les pas de Pierre se rapprocher. Marlène range le poudrier dans son sac.

Le voilà, je vous laisse, je n'ai plus très envie de le voir.

Elle lui dépose un baiser léger sur les lèvres.

Merci d'avoir été aussi gentil avec moi. Appelez-moi vite, gentil dauphin.

Elle sort. François reste figé un petit instant, le visage vide d'expression.

Pierre surgit de la chambre, habillé, prêt à partir. Il s'éclaire en voyant que Marlène n'est plus là.

PIERRE

Ah ! vous avez réussi à la virer, bravo, mon petit vieux !

François le regarde, figé. Pierre va prendre une rose dans un vase.

En route !

Il se dirige vers François d'une démarche encore hésitante.

J'espère que je vais pouvoir conduire, moi !

Il s'arrête devant François.

Votre porte-documents...

François ne bouge pas. Pierre le pousse gentiment vers son porte-documents.

Dépêchez-vous, mon vieux, je suis pressé.

François va mécaniquement ramasser son porte-documents.

ACTE II

FRANÇOIS
(Sans regarder Pierre.)
Monsieur Brochant...

PIERRE
Oui ?

FRANÇOIS
Le dîner de ce soir...

PIERRE
Oui ?

FRANÇOIS
C'était quoi, exactement ?

PIERRE
Eh bien, je vous l'ai dit, un dîner d'amis à qui j'ai parlé de vos travaux et qui voulaient vous rencontrer... Bon, allons-y, maintenant !

FRANÇOIS
Et il y avait d'autres invités ?

PIERRE
Oui, bien sûr... On ne pourrait pas parler de tout ça dans l'ascenseur ?

LE DÎNER DE CONS

FRANÇOIS
Quel genre d'invités ?

PIERRE
(Brusquement en alerte.)
Ça veut dire quoi, cet interrogatoire ?

FRANÇOIS
Rien... Je voulais seulement savoir comment vous recrutiez vos invités... Vous les choisissez pour quoi ? Leur talent, leur intelligence ? Quels sont les critères, exactement ?

PIERRE
(Après un petit temps.)
Où voulez-vous en venir, monsieur Pignon ?

FRANÇOIS
Est-ce que vous m'avez invité à un dîner de cons, monsieur Brochant ?

PIERRE
(Jouant parfaitement l'innocence.)
Un dîner de cons ? Qu'est-ce que c'est que ça ?

FRANÇOIS
Je vous le demande.

ACTE II

PIERRE

Ça va, ne continuez pas, j'ai compris, c'est elle ! Je savais qu'elle finirait par foutre la pagaille, cette follingue ! Qu'est-ce qu'elle est allée vous raconter, encore ?

FRANÇOIS

Que vos amis et vous faisiez un dîner toutes les semaines pour vous moquer de gens comme moi.

PIERRE

Et vous l'avez crue ? Alors là, monsieur Pignon, j'avoue que vous m'étonnez. Voilà une fille avec qui je viens de rompre sous vos yeux, qui est furieuse, qui raconte n'importe quoi pour se venger, et vous la croyez !

FRANÇOIS

Je n'ai pas eu l'impression qu'elle racontait n'importe quoi.

PIERRE

Elle vous a fait le coup du bon karma ? Et vous étiez quoi, dans une vie antérieure ? Un lion, une baleine, un pingouin ?

FRANÇOIS

Un dauphin.

LE DÎNER DE CONS

PIERRE
Oui, eh bien moi, j'étais un albatros, paraît-il ! Et c'est cette cinglée que vous avez crue ? *(Gentiment grondeur.)* Monsieur Pignon.

FRANÇOIS
(ébranlé.)
Elle avait l'air sincère... Elle m'a même dit que la semaine dernière, vous aviez invité un collectionneur de bilboquets.

PIERRE
C'est ça, oui. Et vous savez ce qu'on a servi à dîner ? Les restes du chien que les Indiens lui ont mangé ! Non, mais vous trouvez ça sérieux, monsieur Pignon ?

FRANÇOIS
(De plus en plus ébranlé.)
Non, mais...

PIERRE
Alors, allons-y, maintenant, on a assez perdu de temps avec ça !

François hésite. Pierre le brusque.

Allez, ma femme m'attend, je devrais déjà y être, moi !

François se décide, mais il n'est visiblement pas convaincu. Il se dirige vers la porte. Le

ACTE II

> *téléphone sonne. Pierre revient dans la pièce et décroche.*

Allô ?... Ah ! c'est toi, ma chérie, j'arrive, je partais pour l'hôpital à l'instant, comment ça va, dis-moi ?... *(Il change d'expression.)* Qu'est-ce que ça veut dire, ça ?... Christine, je t'en prie, ne recommence pas !... Mais c'est grotesque, je t'aime, je ne vais pas te laisser toute seule à l'hôpital !... Christine, écoute-moi, j'ai besoin de toi. J'ai compris beaucoup de choses, ce soir, tu sais... Arrête, je me fous de cette fille !... Mais ce n'est pas du tout ma maîtresse, c'est l'autre abruti qui a inventé ça !... Ecoute, je suis là dans dix minutes, on parlera de tout ça de vive voix, d'accord ?... *(Il crie.)* Christine !...

> *Il raccroche, reste figé un petit instant, puis lâche sa rose et se dirige vers le bar. Il se sert un grand verre de scotch, sans un regard pour François.*

FRANÇOIS

L'autre abruti va s'en aller, mais avant, il voudrait vous poser une question.

PIERRE

(A plat, sans le regarder.)
Foutez-moi la paix.

LE DÎNER DE CONS

FRANÇOIS

Non, il me faut une réponse : pourquoi m'avez-vous invité à ce dîner, monsieur Brochant ?

> *Pierre ne répond pas. Il a l'air d'avoir oublié la présence de François. Il boit une grande rasade de scotch.*

Je ne partirai pas avant que vous m'ayez répondu. Pourquoi m'avez-vous invité à ce dîner ?

PIERRE

(Il se tourne enfin vers lui.)

Il y a une chose que je peux vous dire, c'est qu'à cause de ce dîner, ça fait deux heures que j'en prends plein la gueule. Dîner de cons ou pas, je l'ai payé très cher. Et je peux vous dire aussi qu'en une soirée, vous avez vengé tous les cons qui ont participé à tous les dîners de cons à travers les âges et dans le monde entier. Voilà, bonne nuit, monsieur Pignon.

FRANÇOIS

(Après un petit temps, tristement.)

Elle avait raison, vous êtes méchant, monsieur Brochant.

PIERRE

Eh oui, je suis méchant ! C'est aussi ce que dit Christine, tout le monde est d'accord, vous voyez, je suis

ACTE II

méchant, vous devriez mettre ça sur mon répondeur. *(Il se met à chanter sur l'air du cancan.)* « Il est méchant, monsieur Brochant, il est méchant, monsieur Brochant !... »

> *Il boit une grande rasade de scotch.*

FRANÇOIS

Vous ne devriez pas mélanger l'alcool et les médicaments.

PIERRE

Pourquoi pas ? C'est une belle morale pour cette histoire : le méchant, abandonné de tous, se soûle tout seul dans son grand appartement vide ! Et Pignon rentre chez lui avec ses maquettes, en pensant : « C'est bien fait pour ce salaud ! » *(Il chante sur l'air du cancan.)* « Il est méchant, monsieur Brochant, il est mignon, monsieur Pignon ! »

> *Il boit une nouvelle rasade de scotch. François hésite un peu, puis jette son porte-documents sur un meuble, va vers le téléphone et compose un numéro.*

Qu'est-ce que vous faites, encore !

FRANÇOIS
(Au téléphone.)

Allô, bonsoir, je voudrais le numéro de téléphone de l'hôpital Bichat, s'il vous plaît.

LE DÎNER DE CONS

PIERRE
Ça y est, il recommence !

FRANÇOIS
(Au téléphone.)
45.32.78.23. Merci.

> *Il raccroche et compose le numéro de l'hôpital.*

PIERRE
Ils ne vont pas vous la passer, qu'est-ce que vous croyez, c'est un hôpital, pas une clinique !

> *François appuie sur la touche du haut-parleur, la sonnerie du téléphone retentit dans la pièce, puis la voix d'une standardiste.*

STANDARDISTE
(Off.)
Hôpital Bichat.

FRANÇOIS
(Au téléphone.)
Bonsoir, je voudrais parler à madame Christine Brochant, s'il vous plaît, elle a été admise ce soir à la suite d'un accident de voiture.

ACTE II

STANDARDISTE
(Off.)

Désolée, les malades ne reçoivent plus de communications à partir de dix-huit heures, monsieur, rappelez demain matin à neuf heures.

PIERRE

Et voilà !

FRANÇOIS
(Au téléphone.)

Soyez gentille, passez-moi madame Christine Brochant, mademoiselle, c'est le Pr Archambaud à l'appareil.

> *Pierre le regarde l'œil rond. A l'autre bout du fil, la standardiste change de ton.*

STANDARDISTE
(Off.)

Oh ! pardon, monsieur, ne quittez pas un petit instant, je vous prie.

FRANÇOIS
(Avec autorité.)

Je suis un peu pressé, mon petit, dépêchez-vous, s'il vous plaît.

> *L'œil de Pierre s'arrondit de plus en plus. Il y a un bref conciliabule au bout du fil, puis*

LE DÎNER DE CONS

de nouveau la voix de la standardiste, pleine de respect.

STANDARDISTE
(Off.)
Je vous passe madame Brochant, monsieur Archambaud.

FRANÇOIS
(Au téléphone.)
Merci, mon petit.

PIERRE
Arrêtez cette comédie, elle vient de me raccrocher au nez !

CHRISTINE
(Off.)
Allô ?

FRANÇOIS
(Au téléphone.)
Madame Brochant ?

CHRISTINE
(Off.)
Oui, bonsoir, docteur.

ACTE II

FRANÇOIS

Non, ce n'est pas le Pr Archambaud qui vous parle, madame Brochant.

CHRISTINE
(Off.)

Qui est à l'appareil ?

FRANÇOIS

C'est le con de votre mari.
Pierre a la mâchoire qui se décroche.

CHRISTINE
(Off.)

Comment ?

FRANÇOIS

Nous nous sommes entrevus tout à l'heure, je m'appelle François Pignon, je suis le con que votre mari devait emmener dîner ce soir.

CHRISTINE
(Off, après un petit temps.)

Je vous écoute.

FRANÇOIS

Je viens d'apprendre pourquoi votre mari m'avait invité et je suis dans l'état que vous imaginez. Je sais que vous avez eu un accident de voiture, mais je crois que je suis aussi choqué que vous... Allô ?

CHRISTINE
(Off.)
Je suis là, oui.

FRANÇOIS
Mais je ne vous appelle pas pour me plaindre, je vous appelle parce que je le plains, lui. Je ne sais pas si c'est l'homme le plus méchant que j'aie rencontré, mais je suis sûr que c'est le plus malheureux. J'étais là quand vous lui avez dit de ne pas venir à l'hôpital, et je l'ai vu si perdu, si misérable, que j'ai essayé d'oublier que j'étais un con, et que j'ai décidé de vous appeler...
Silence au bout du fil.
Madame Brochant ?

CHRISTINE
(Off.)
Oui ?

FRANÇOIS
Ma femme m'a quitté il y a deux ans, et ce jour-là, tout s'est écroulé autour de moi. J'ai survécu en faisant mes petites maquettes, mais au fond de moi-même,

ACTE II

c'est toujours un champ de ruines, et je ne souhaite ça à aucun homme, pas même à votre mari.

CHRISTINE
(Off.)
Je suppose qu'il est à côté de vous ?

FRANÇOIS
Comment ?

CHRISTINE
(Off.)
Il est à côté de vous et il est en train de vous souffler ce beau scénario si émouvant.

FRANÇOIS
Pas du tout, madame Brochant, je vous donne ma parole d'honneur que c'est moi qui ai pris l'initiative de vous appeler et qu'il ne m'a rien soufflé du tout.

CHRISTINE
(Off, sceptique.)
Oui... Est-ce qu'il est près de vous, là ?

François hésite, jette un coup d'œil à Pierre et décide.

LE DÎNER DE CONS

FRANÇOIS
(Au téléphone.)
Non, je vous appelle d'une cabine téléphonique.

CHRISTINE
(Off, après un petit temps.)
Pourquoi m'appelez-vous, exactement ?

FRANÇOIS
Madame Brochant, pendant deux heures, j'ai vu votre mari essayer désespérément de retrouver votre trace. Il a même été jusqu'à téléphoner à Pascal Meneaux dans sa garçonnière, en le dérangeant dans les bras d'une dame qui n'était pas vous !

CHRISTINE
(Off, amusée.)
Il a téléphoné à Meneaux ?

FRANÇOIS
Vous n'imaginez pas tout ce qu'il a fait ce soir, par amour pour vous, il s'est réconcilié avec son meilleur ami, il s'est débarrassé de sa maîtresse, il a même insulté un contrôleur fiscal, il a fait le ménage dans sa vie d'une manière incroyable, et il est maintenant tout seul dans son grand appartement, à mélanger l'alcool

ACTE II

et les médicaments, et je suis très inquiet pour lui, voilà pourquoi je vous appelle, madame Brochant.

> *Pierre le regarde, très ému. A l'autre bout du fil, Christine paraît elle aussi touchée.*

CHRISTINE
(Off.)

Je vais réfléchir... En tout cas, merci d'avoir téléphoné, monsieur Pignon.

FRANÇOIS

Au revoir, madame Brochant.

CHRISTINE
(Off.)

Au revoir.

> *François raccroche et se tourne vers Pierre. Il a l'air vidé.*

FRANÇOIS

Elle va rappeler.

PIERRE
(La gorge serrée.)

Monsieur Pignon...

LE DÎNER DE CONS

FRANÇOIS

Oui ?

PIERRE

On va toujours dîner, mardi prochain, mais cette fois, c'est vous qui m'invitez. Et je suis sûr de décrocher la palme.

FRANÇOIS
(Il sourit.)

Je suis épuisé... C'est horriblement fatigant d'être intelligent.

PIERRE

Je ne sais pas, il faudra que j'essaie.

FRANÇOIS

Vous allez me promettre une chose, monsieur Brochant.

PIERRE

Tout ce que vous voulez, monsieur Pignon.

FRANÇOIS

Vous allez me promettre que vous vous y reprendrez à deux fois avant de traiter quelqu'un de con.

ACTE II

PIERRE
Je vous le promets, François. Je vous le jure.

> *Le téléphone sonne dans les mains de François qui décroche dans un réflexe.*

FRANÇOIS
(Au téléphone.)
Allô ?... Oui, madame Brochant, ne quittez pas, je vous le passe... Comment ?... *(Gêné.)* Heu... Non, je ne suis plus dans une cabine téléphonique, je suis effectivement de nouveau chez votre mari, mais je vais vous expliquer... Allô ?... Allô ?...

PIERRE
Quel con ! Mais quel con ! Mais alors, quel con !

FRANÇOIS
(Précipitamment.)
Je la rappelle ! Je la rappelle ! Je vous dis que je la rappelle, tout va s'arranger !...

> *Il compose fébrilement le numéro de téléphone, tandis que le rideau tombe.*

Le Théâtre des Variétés,
dirigé par Jean-Paul Belmondo,
a présenté cette pièce pour la première fois
le 17 septembre 1993.

*Achevé d'imprimer en avril 1998
sur les presses de l'Imprimerie Bussière
à Saint-Amand (Cher)*

POCKET - 12, avenue d'Italie - 75627 Paris Cedex 13
Tél. : 01-44-16-05-00

— N° d'imp. 864. —
Dépôt légal : janvier 1995.

Imprimé en France